Um was geht's in der Meditation?

Fragen an Ayya Khema

AF238583

Um was geht's in der Meditation?

Fragen an Ayya Khema
Band 2

Herausgegeben von Traudel Reiß

JhanaVerlag

Jhana Verlag im Buddha-Haus:
www.jhanaverlag.de oder www.buddha-haus.de
Wir senden Ihnen gerne unseren Katalog zu.

Bibliografische Information der Deutschen Bibliothek
Die Deutsche Bibliothek verzeichnet diese Publikation in der
Deutschen Nationalbibliografie;
detaillierte bibliografische Daten sind im Internet über
http://dnb.ddb.de abrufbar

ISBN 978-3-931274-35-1

1. Auflage 2008
© der deutschsprachigen Ausgabe by Jhana Verlag,
Uttenbühl 2008

Redaktion: Traudel Reiß
Lektorat: Bärbel Wildgruber
Covergestaltung: Jörg Hoffmann
Satz: Claudia Wildgruber
Druck: EOS Druck, St. Ottilien

Inhalt

Vorwort

Der Jhana Verlag freut sich, dass nun auch der zweite Band zu den Fragen an Ayya Khema veröffentlicht wird, nachdem der erste Band bei den Leserinnen und Lesern schon großen Anklang gefunden hat. Ging es beim ersten Band um die buddhistische Praxis im Alltag, so handelt das neue Buch von Fragen zur Meditation. Hier werden die beiden Richtungen der Meditation angesprochen: Ruhe und Einsicht, die meditativen Vertiefungen für Ruhe und die Kontemplation für Einsicht. Weiterhin werden auch die Stück-für-Stück-Methode, die Liebende-Güte-Meditation sowie die Gehmeditation behandelt. Zusätzlich werden ganz allgemeine Fragen zur Meditation gestellt. Zum Beispiel wird gefragt, welche Sitzhaltung für die Meditation am besten geeignet ist – ob auf einem Sitzkissen auf dem Boden oder auf einem Stuhl, ob mit offenen oder geschlossenen Augen – um für einen längeren Zeitraum so sitzen zu können, dass sich der Körper wohlfühlt. Weiterhin erklärt Ayya Khema, wie wir mit einem unruhigen Geist oder mit dem Gegenteil, nämlich Schläfrigkeit und Trägheit, so umgehen können, dass wir diese Hindernisse im Laufe unserer Meditationspraxis immer mehr vermindern können, damit sie in der Meditation immer weniger auftreten. Auch viele verschiedene Probleme und Schwierigkeiten, die während der

Meditation auftreten können, werden von Ayya Khema detailliert erörtert.

Dieses Buch beinhaltet weder eine Einführung in die noch Anweisungen zur Meditation, sodass die Meditation daraus nicht zu erlernen ist. Ohne persönliche Anleitung, wie zum Beispiel in einem Kurs, ist Meditation auch nicht erlernbar. Aber mit den vielen zusätzlichen und ausführlichen Erklärungen zur Meditation in diesem Buch erhalten wir hier eine konkrete Hilfestellung für unsere tägliche Praxis. Wie bereits im ersten Band erwähnt, wird auch hier die Buddhalehre nicht systematisch dargestellt, sondern es werden Fragen zur Meditation von allgemeinem Interesse abgehandelt.

Mögen viele Menschen diese Worte im Herzen berühren.

Traudel Reiß
Allgäu, Sommer 2008

I

Verschiedene Fragen zur Meditation

Atembetrachtung

F: Kannst du bitte noch einmal die Atembetrachtung erklären? Und was ist mit dem Atem bei der Liebenden-Güte-Meditation oder bei der Gehmeditation?

A: Der Atem ist ein körperliches Phänomen, das sowohl gesteuert werden kann als auch autonom ist. Bei der Meditation sind wir nicht daran interessiert, den Atem in irgendeiner Weise zu beeinflussen oder zu manipulieren. Wir können uns dem Atem hinwenden, so wie er ist. Statt den Atem vollkommen zu vergessen, wie das im Allgemeinen der Fall ist, können wir ihn erleben. Das bedeutet Atembetrachtung.

Wenn wir während der Liebenden-Güte-Meditation auch noch den Atem betrachten, dann können wir uns wohl nur wenig auf die Entfaltung der Liebe konzentrieren. Bei der Gehmeditation richten wir die Achtsamkeit auf das Gehen. Dabei geschieht das Atmen automatisch. Bei der Stück-für-Stück-Methode achten wir auf die Empfindungen und atmen auch hierbei automatisch. In der Meditation beschäftigen wir uns immer nur mit einer Sache. Der Atem erhält uns am Leben, und wir können ihn als Meditationsobjekt benutzen. Das müssen wir jedoch nicht, denn die Atembetrachtung ist nur eine von vielen Methoden. Bei der Liebenden-Güte-Meditation spielt der Atem keine Rolle, sondern das Gefühl steht hierbei im Mittelpunkt. Damit kann sich das Herz endlich einmal so weiten und so weich werden, dass es Liebe und Mitgefühl als eine Selbstverständlichkeit empfindet und sich nicht immer wieder neu darum bemühen muss. Wenn wir das Gefühl noch nicht spüren können, so ist es hilfreich, daran zu denken. Denn das, woran wir lange genug denken, werden wir auch empfinden. Und das, womit wir uns in unseren Gedanken lange genug beschäftigen, ist ganz deutlich bei uns spürbar. Wir werden und sind, was wir denken.

Alle verschiedenen Meditationsmethoden sind nur Methoden, die dem Geist dazu verhelfen sollen, sich zu konzentrieren. Ist der Geist konzentriert, dann geht er ganz natürlich und selbstverständlich zu den meditativen Vertiefungen. Wenn er die meditativen Vertiefungen erlebt, dann ist es nötig, daraus Einsicht zu schöpfen. Ich nenne das erkanntes Erleben. Dass wir unser eigenes Erleben in der Regel nicht erkennen, hat der Buddha mit Unwissenheit oder Verblendung bezeichnet. Und diese Unwissenheit und Verblendung machen uns unglücklich. Dadurch bekommen wir keine körperlichen, aber emotionale Schmerzen. Könnten wir die Wahrheit erkennen, so bekämen wir keine.

Man sollte jede Meditation immer mit einer kurzen Liebenden-Güte-Meditation für sich selbst beginnen. Einigen Menschen ist es sicher bewusst, dass sie keine oder sogar eine negative Empfindung für sich selbst haben. Hier im Westen ist das leider sehr üblich. In Asien ist es viel weniger anzutreffen, dass sich Menschen nicht annehmen, sich selbst sogar verachten oder sich selbst in keiner Weise unterstützend behandeln können, sondern immer im Außen jemanden suchen, der sie unterstützen soll. Deshalb beginnen wir die Liebende-Güte-Meditation mit uns selbst, damit wir eines Tages ein Gefühl der Umarmung, der Vergebung, der Freude, des Glücks und der mütterlichen Fürsorge für uns selbst empfinden können. Dann benötigen wir keine anderen Menschen, die uns ständig bestätigen sollen oder von deren Energie wir profitieren können. Dann haben wir uns selbst gegenüber positive Gefühle und Gedanken und sind somit Energie produzierend. Alles Negative zapft nämlich Energie ab.

Die negativen Gedanken und Gefühle sollten wir aufgeben, wenn wir meditieren wollen. Der Buddha hat gesagt, dass wir uns in Körper und Geist wohlfühlen müssen, um meditieren zu können. Durch die Praxis der Liebenden-Güte-Meditation erlangen wir mit der Zeit genügend Willenskraft, was auch Energiezufuhr bedeutet, damit wir uns überhaupt immer wieder der Konzentration hingeben können.

Den Atem erleben

F: Was bedeutet es genau, „beim Atem zu sein"? Die Bewegung der Lungen spüren oder den Rhythmus des Atems spüren oder den Atem mehr in der Nase spüren oder ihn erforschen in Wirkung und Ausdehnung?
A: In Wirklichkeit bedeutet es nichts anderes, als den Atem zu erleben, anstatt ihn als selbstverständlich anzunehmen. Im Moment betrachtet ihn doch jeder als

selbstverständlich. Der Atem geht rein und raus, aber niemand kümmert sich darum, weil wir im Moment etwas anderes zu tun haben. Wahrscheinlich haben wir im Leben meistens etwas anderes zu tun und kümmern uns überhaupt nicht darum, ob der Atem rein- und rausgeht. In der Meditation wollen wir den Atem einmal erleben. Das bedeutet „beim Atem sein" und nicht den Atem in Wirkung und Ausdehnung zu erforschen. Im Allgemeinen lautet die Anweisung für die Meditation, dass wir den Atem an den Nasenlöchern spüren, weil er dort am stärksten wahrnehmbar ist. Sollte jemand an Asthma leiden oder einen starken Schnupfen haben, sodass er den Atem überhaupt nicht spüren kann, dann kann diese Person das Heben und Senken der Bauchdecke beobachten. Die Bewegung der Lunge zu spüren, ist auch eine Alternative, aber im Allgemeinen zu schwierig. Am einfachsten ist es, den Atem zu erleben, wie er rein- und rausgeht, weiter gar nichts. Dieses Erleben bedeutet nichts anderes als tatsächlich beim Erleben zu sein, anstatt darüber nachzudenken. Die meisten Menschen versuchen, ihr Leben zu erdenken, machen Pläne und beurteilen, und nur die wenigsten erleben tatsächlich ihr Leben. Bei der Meditation haben wir die Chance, den Atem zu erleben.

Augen offen oder geschlossen

F: Ich habe mit der Meditation in einer anderen Tradition begonnen, bei der man auch auf den Atem achtet und die Gedanken etikettiert, jedoch die Augen offen lässt. Dahinter steht die Idee, dass man das Erlebte leichter in den Alltag mitnehmen kann. Da ich beide Methoden gut finde, meditiere ich manchmal mit offenen und manchmal mit geschlossenen Augen. Ist das so in Ordnung, oder soll ich mich für eine der beiden Methoden entscheiden?

A: Geschlossene Augen führen leichter zu den meditativen Vertiefungen, aber auch leichter zum Dösen. Ist die Konzentration gut, dann ist es besser, die Augen zu schließen. Denn je weniger Sinneskontakte wir haben, desto leichter fällt uns die Konzentration. Wenn die Konzentration schlecht ist, dann ist es manchmal hilfreich, die Augen etwas geöffnet zu halten. In dem Fall schauen wir vor uns auf den Boden, ohne diese Stelle als etwas Bestimmtes wahrzunehmen. Wir überlegen dann nicht, ob diese Stelle aus Linoleum besteht, grün oder sonst etwas ist. Es sind also beide Methoden möglich.

Atmung und Sitzen auf einem Stuhl

F: Bei chronisch behinderter Nasenatmung atme ich durch den leicht geöffneten Mund. Spricht etwas dagegen, beziehungsweise was ist dabei zu beachten?

A: Ein Nachteil der Atmung mit leicht geöffnetem Mund könnte sein, dass wir dann nicht mehr jeden einzelnen Atemzug erkennen können. Ist das doch der Fall, dann spricht nichts dagegen. Die Hauptsache ist doch, dass wir den Atem so erleben können, wie er ist, und ihn nicht in irgendeiner Weise manipulieren.

F: Ich bin als Stuhlsitzer aufgewachsen und mittlerweile 49 Jahre alt und verknöchert und meditiere auf dem Stuhl statt auf dem Boden. Spricht etwas dagegen?

A: Wenn wir bei der Meditation auf einem Stuhl sitzen, dann sollten wir uns nicht anlehnen, sondern den Rücken aufgerichtet halten, die Füße nebeneinander fest auf den Boden stellen und vor lauter Annehmlichkeiten nicht einschlafen. Wir sollten auch nicht im Liegen meditieren, weil wir dann viel zu leicht einschlafen, anstatt zu meditieren. Es ist besser, den Körper zu disziplinieren. Das muss jedoch der Geist tun, denn der Geist muss für die Meditation diszipliniert sein. Die einzige Ausnahme sind körperliche Schwierigkeiten, wenn wir zum Beispiel krank sind. Solange es sich jedoch nur um alte Gewohnheiten sowie um den Unwillen, sich neuen Gewohnheiten hinzugeben, handelt, so sollten wir uns doch einmal etwas Neuem hingeben und die Schwierigkeit erdulden. Dann können wir den Vorteil der Selbstdisziplin erleben, die uns im Westen deutlich fehlt. Es ist schon sehr wertvoll, wenn wir einige Zeit auf dem Kissen sitzen können anstatt auf einem Stuhl, solange keine körperlichen Schwierigkeiten dagegen sprechen.

F: Kann es sein, dass es vor 2500 Jahren in Asien noch keine Stühle gab und wir uns heute aus Authentizitätsgründen auf Sitzkissen abmühen? Vielleicht säße der Buddha heute auch auf einem bequemen Sessel?
A: Ich weiß nicht, was der Buddha machen würde, wenn er heute hier wäre. Es gibt zwei Gründe, warum das Sitzkissen ein wichtiger Bestandteil der Meditationspraxis ist. Wenn es jedoch aus gesundheitlichen Gründen nicht geht, dann steht dem natürlich nichts im Wege, sich bei der Meditation auf einen Stuhl zu setzen. Als Erstes sollten wir dabei die Selbstdisziplin des Körpers beachten.

Den Körper bis zu einem gewissen Punkt und natürlich nicht zu weit zu disziplinieren, denn der Buddha hat den mittleren Pfad gelehrt, hilft uns, den Geist zu disziplinieren. Wenn wir uns hinlegen und nur körperlichen Komfort suchen, dann wird es mit der Meditation noch schwieriger werden, als es sowieso schon ist. Ist die Konzentration bis zur vollen Sammlung gekommen, dann spüren wir den Körper nicht mehr. Die volle Sammlung streben wir ja an, denn den Atem zu betrachten, ist nur eine Methode, die wir nicht lebenslänglich durchführen müssen. Wir können nämlich nicht sowohl voll konzentriert sein als auch den Körper spüren. Und spüren wir den Körper nicht mehr, dann ist es äußerst wichtig, dass er sicher und fest sitzt, weil sonst der Geist dazwischen funkt und Angst davor bekommt, dass der Körper hinfallen könnte. Wenn wir auf dem Boden auf einem Kissen sitzen, so kann uns das nicht passieren.

Etikettieren

F: Kannst du bitte das Etikettieren erklären?
A: Etikettieren sieht so aus, dass wir dem Inhalt unserer Gedanken einen Namen geben, das heißt ein Etikett draufkleben. Fällt uns das sehr schwer, weil wir überhaupt nicht wissen, was wir denken, weil alles gleichzeitig auf uns einstürmt, dann sollten wir lediglich das Etikett „denken" verwenden. Das machen wir solange, bis der Gedankensturm nachlässt und wir zum Atem zurückkehren können. Dann gibt es vielleicht eine momentane Pause, in der wir effektiv den Inhalt unserer Gedanken mit einem Etikett versehen können. Meistens

dreht sich der Inhalt unserer Gedanken entweder um die Vergangenheit oder um die Zukunft. In der Gegenwart gibt es bei der Meditation tatsächlich nur sitzen und atmen, weiter nichts. Alles andere ist entweder Vergangenheit oder Zukunft. Was wir gehört haben, ist Vergangenheit. Was wir tun wollen, ist Zukunft. Diese beiden als Etikett zu verwenden, passt meistens. Ein weiteres Etikett ist Unsinn, denn es kommen sehr viele sinnlose Gedanken hoch, von denen wir überhaupt nicht wissen, wieso sie erscheinen. Wenn wir dieses Etikett verwenden, so hilft uns das auch dabei, nicht allen unseren Gedanken zu glauben. Jeder Meditierende wird eines Tages dahinter kommen, dass nur die wenigsten Gedanken glaubwürdig sind.

Der Buddha hat in der Brahmajala Sutta, der ersten Lehrrede der Langen Sammlung, 62 Rubriken von Meinungen und Ansichten benannt, die die Menschheit hat. Darin ist alles enthalten, was wir denken und glauben und woran wir uns halten. Auf der absoluten Ebene sind sie alle falsch, können jedoch auf der relativen Ebene stimmen. Sie sind deshalb falsch, weil alle davon ausgehen, dass „ich" denke und „ich" glaube und somit das „ich" immer mit eingebunden ist. Ein Meditierender sollte sich unbedingt irgendwann einmal bewusst werden, dass das nicht alles stimmen kann. Denn er als Einziger hat gerade diesen einen Gedanken und die anderen sechs Milliarden Menschen denken etwas ganz anderes. Wieso kann also bei uns als Einzigem das Denken stimmen? Wenn wir das einmal erkannt haben, dann ist es viel einfacher, nicht mehr zu argumentieren, sich selbst und anderen zu verzeihen und sich zu entschuldigen.

Das Etikettieren ist deshalb ein ganz wichtiger Vorgang, damit wir erkennen können, dass Gedanken nur Gedanken und außerdem vollkommen vergänglich sind. Das Etikettieren hilft uns auch im täglichen Leben, wenn wir das Unheilsame etikettieren und mit dem Heilsamen ersetzen wollen. Jedoch sollten wir aufhören zu glauben, dass unsere Gedanken oder unsere Negativitäten stimmen. Daher ist es ganz wichtig, während der Meditation so vielen Gedanken wie möglich ein Etikett zu geben. Wenn wir mit der Meditationspraxis erst am Anfang stehen, dann können so viele Gedanken kommen, dass wir vielleicht nur einen von zehn erhaschen können. Das ist vollkommen in Ordnung, denn einen von zehn zu erwischen, ist bedeutend besser als gar keinen. Wenn wir diesem einen Gedanken dann eins der Etiketten: „Zukunft", „Vergangenheit", „Unsinn", „nicht nötig", „später", „planen", „hoffen", „Erinnerung", „Ärger" oder „Ablehnung" geben, dann haben wir einen Anfang gemacht, uns selbst so zu erkennen, dass wir es im täglichen Leben fortführen können. Wir müssen es jedoch selbst für uns tun, denn kein anderer kann uns dabei helfen, den eigenen Gedanken nicht zu glauben. Wir können die unheilsamen Gedanken nur dann mit heilsamen ersetzen, wenn wir ihnen nicht mehr glauben. Solange wir glauben, es stimmt, dass wir zum Beispiel irgendjemanden nicht mögen oder irgendjemand uns Unrecht getan hat, dann können wir das ja nicht ersetzen. Bei der Meditation sollten wir einmal untersuchen, wieso alle Gedanken stimmen sollen. Obwohl wir ja gar nicht denken wollen, denken wir dennoch die ganze Zeit. Dieser Punkt ist gerade am Anfang der Meditationspraxis äußerst hilfreich und wichtig.

F: Durch das Etikettieren kommt es mir vor, als müsste ich mehr denken als vorher, da ich immer im Kopf über das richtige Etikett nachdenke. Was könnte da helfen?

A: Es kommt überhaupt nicht darauf an, das „richtige" Etikett zu finden, sondern das erste Etikett, das uns einfällt, ist das richtige. Durch das Etikettieren werden wir zum Beobachter und sind nicht mehr der Denker. Je öfter wir etikettieren und uns daran gewöhnen, desto einfacher wird es dann für uns, auch das passende Etikett zu finden. Jeder Mensch hat bestimmte Gedankenmuster, bei denen immer wieder dieselben Gedanken hochkommen.

F: Ich habe das Etikettieren nicht verstanden. Erklärst du es bitte noch einmal?

A: Das Etikettieren ist sehr wichtig für das tägliche Leben, weil es uns ermöglicht, unsere unheilsamen Emotionen und Gedanken zu erkennen und zu ersetzen. Das ist der Läuterungsprozess, der für ein spirituelles Leben unumgänglich nötig ist. Wir können sogar sagen, dass wir das *Dhamma* überhaupt nur leben und ein spirituelles Leben in uns verwirklichen können, wenn wir das tun. Wenn wir den Läuterungsprozess nicht vollführen, dann ist alles, was wir tun, Fantasie. Dann können wir noch so viel über das *Dhamma* reden oder uns so oft wie möglich auf das Kissen setzen. Davon ist jedoch nichts bedeutsam, solange wir nicht durch das Etikettieren erkennen, wann wir unheilsam fühlen oder denken und das dann ersetzen. Beim Etikettieren ist es nicht wichtig, genau das „richtige" Etikett zu finden, denn das gibt es überhaupt nicht. In Wirklichkeit gibt es nur das eine Etikett, das Ego heißt, das wir aber nicht benutzen müssen, denn jedes Etikett funktioniert. Das erste Etikett, das uns in den Sinn kommt, stimmt. Wir benötigen kein ganzes Arsenal an verschiedenen Etiketten. „Zukunft" oder „Vergangenheit" stimmt fast immer, ebenso „Unsinn" oder „nicht jetzt – später", „fantasieren", „hoffen" oder „planen". Die Hauptsache dabei ist, dass wir nicht weiterdenken, sondern den Denkprozess beobachten und ihm dann einen Namen geben. So können wir erstens einmal den Denkprozess unterbrechen, zum Meditationsobjekt zurückkehren und die Gedanken damit ersetzen. Zweitens können wir so damit aufhören, jeden Unsinn, den der Geist fabriziert, zu glauben. Das tun wir normalerweise, solange wir weder meditieren noch etikettieren. Was der Geist so hochbringt in der Meditation, ist total unnötig, und wir wollen es auch gar nicht, sondern stattdessen wollen wir meditieren. Weshalb glauben wir dann im täglichen Leben alles, was der Geist fabriziert, vor allem das Negative? Wir wollen doch sicher kein schlechtes Karma machen, tun es jedoch mit jedem negativen Gedanken.

F: Was muss ich ganz praktisch tun, um etikettierte Gedanken fallen lassen zu können?
A: Keinen neuen Gedanken mehr denken, denn der etikettierte Gedanke ist sowieso weg. Wenn er nicht fallen gelassen wird, so bedeutet das lediglich, dass ein neuer Gedanke hochgekommen ist, den wir wieder etikettieren müssen. Wir etikettieren so lange, bis wir endlich einmal eine Ruhepause bekommen, in der der Geist sich dem Atem hinwenden kann. Daraus können wir lernen, dass

der Geist Gedanken nach Gedanken hochkommen lässt. Nach einigen Tagen der Meditation hier im Kurs wird der Geist dessen wahrscheinlich so überdrüssig sein, dass er das nicht mehr fortführt, denn es ist höchst langweilig, immer wieder dasselbe zu tun. Am Anfang scheint das noch etwas interessant zu sein, vor allem wenn irgendein Problem hochkommt. Aber nach einigen Tagen wird auch das uninteressant. Wir etikettieren die Gedanken also solange, bis es dem Geist reicht und er endlich einmal Ruhe gibt.

Achtsamkeit

F: Wohin richte ich meinen inneren Blick bei der Meditation? Ich versuche, ihn nach innen zu richten, bin aber bald wieder im Außen.

A: Ich nehme an, dass mit dem „inneren Blick" die Achtsamkeit gemeint ist. Die Achtsamkeit geht zum Atem, wie er ein- und ausströmt, und erlebt den Atem, jedoch nicht so wie sonst immer, wo wir ihn als selbstverständlich betrachten. Solange wir den Atem nicht durch Husten, Ersticken oder Ertrinken verlieren, geschieht er „automatisch" und kommt und geht immer wieder. Dieses Kommen und Gehen können wir als Vergänglichkeit erkennen. Jeder Atemzug muss vergänglich sein, denn sonst könnten wir beim Ein- oder Ausatmen stecken bleiben und sind dann in zwei Minuten tot. Wir erleben also ganz bewusst die Vergänglichkeit des Atems, den Wechsel von Ein- und Ausatmen, und dorthin richtet sich die Achtsamkeit.

Im Hier und Jetzt sein

F: Ich habe es immer noch nicht verstanden: Was mache ich mit der Pause, die entsteht, wenn ich ausgeatmet habe? Bei mir ist sie etwa drei Herzschläge lang. Worauf soll ich mich da konzentrieren? Auf das Nichts? Wie geht das?

A: Eine Pause können wir nicht als Nichts bezeichnen, sondern es ist eine Pause. Das Spüren dieser Pause ist eine wichtige Achtsamkeitsübung. Wir konzentrieren uns nur auf diesen einen Moment, da der Atem zu Ende geht und es etwas dauert, bis der nächste Atemzug beginnt. Das ist eine herrliche Übung, um im Hier und Jetzt zu sein. Da ist ein Moment, der eine Möglichkeit der Konzentration bietet, und nicht nichts.

Unruhiger Geist

F: Mir passiert es öfter während einer Meditation, dass ich nicht bei einer Methode bleiben kann und es dann mit etwas Neuem probiere. Ist es ratsam, das zu tun, oder ist es sinnvoller, mich mit einer Methode durchzuquälen?

A: Es ist weder ratsam noch sinnvoll, sich durchzuquälen, denn das ist ein sehr negativer Geisteszustand. Meditation und Negativitäten passen nicht zusammen, und das kann auch nicht funktionieren. Sich mit irgendetwas rumzuquälen, ist eine Reaktion darauf, dass die Dinge nicht so sind, wie wir sie gerne hätten. Wenn der Geist sprunghaft ist und sich nicht mit einer Meditationsmethode zufriedengeben kann, dann sollten wir uns einen Plan machen und etwa zehn Minuten Liebende-Güte-Meditation praktizieren, dann vielleicht noch zwanzig Minuten auf dem Atem bleiben und vielleicht den Rest der Zeit die Ganzheits-Methode benutzen. Alles ist möglich, aber wir sollten uns nie abquälen, denn dabei kommt überhaupt nichts raus und am Ende geben wir vielleicht noch einem anderen die Schuld daran.

F: Je länger ich meditiere, desto schwerer fällt es mir. Es ist so, als ob aus den tiefsten Schichten meines Inneren Fantasien, Gedanken und Gefühle hoch gespült würden, sodass ich manchmal mit dem Etikettieren gar nicht mehr nachkomme. Dann tritt wieder Ruhe und Leichtigkeit mit einem Wonnegefühl ein, jedoch nicht sehr lange. Ist dies normal oder was mache ich falsch? Es ist so, als ob zwei Personen abwechselnd Oberwasser hätten. Was soll ich tun?

A: Das Einzige, was es zu tun gibt, ist üben, immer wieder üben und nicht erwarten, dass irgendetwas geschieht. Wir üben jahrelang immer weiter. Wenn wir einem Kleinkind zuschauen, wie es gehen lernt, dann können wir sehen, dass es am Anfang andauernd hinfällt, immer wieder aufsteht und weitermacht. Zwischendurch weint es manchmal, weil es sich wehgetan hat. Aber es macht immer weiter und kann als Erwachsener gehen, ohne darüber nachzudenken. Niemand macht sich Gedanken darüber, wie es war, als wir laufen gelernt haben. Bei der Meditation ist es auch nicht anders: Auch da müssen wir immer weiter üben. Mit dem Etikettieren nicht hinterher zu kommen, ist ein übliches Problem. Wenn viele Gedanken hochkommen, dann etikettieren wir denjenigen Gedanken, der klar und deutlich erkennbar ist, und lassen alle anderen vorbeiziehen, denn es geht einfach nicht anders. Dann kannst du versuchen, immer wieder auf das Gefühl der Leichtigkeit und Wonne, das du schon kurz erlebt hast, zurückzukehren. Es gibt nichts anderes als üben. Wenn wir uns vorstellen, was wir schon alles gelernt und geübt haben in unserem Leben, dann werden wir auch das noch lernen können, wenn wir stetig weiterüben.

F: Bei der Meditation flitzen meine Gedanken wie irre hin und her und sind nicht im Zaum zu halten. Ich kann höchstens drei Atemlängen konzentriert bleiben. Was kann ich tun, um wenigstens etwas zur Ruhe zu kommen?

A: In diesem Fall schlage ich vor, nicht die Atembetrachtung zu machen, sondern zunächst einmal für dich selbst Liebende-Güte-Meditation. Wenn die Gedanken wieder weglaufen, dann solltest du den Geist zurückbringen und Liebende-Güte-Meditation für die Menschen durchführen, bei denen sie dir leicht fällt. Die Betrachtung des Atems ist eher ungeeignet, wenn die Gedanken so sehr überhandnehmen. In diesem Fall können wir auch die Vergänglichkeit betrachten, denn jeder Gedanke verschwindet und es kommt ein neuer, auch wenn die Gedanken noch so sehr hin- und herflitzen. Wenn wir die Vergänglichkeit einmal in ihrer wirklichen Tiefe erfasst haben, dann kommt Ruhe. Es ist sowieso alles im Vergehen, und es gibt nichts, worüber wir uns aufregen müssten. Wir betrachten also die Vergänglichkeit jedes Gedankens, wovon ja genügend vorhanden sind, sodass wir immer wieder ein Betrachtungsobjekt haben. Ein Gedanke ist da, und schon ist er weg. Da kommt wieder ein neuer Gedanke, der auch bereits wieder verflossen ist. Zusätzlich können wir untersuchen, welcher von den Gedanken wir selbst sind und ob diese Gedanken, die wie irre hin- und herflitzen und nicht im Zaum zu halten sind, tatsächlich uns selbst gehören. Wenn sie uns gehören sollten, dann können wir uns fragen, wieso wir dann überhaupt keine Macht über sie haben. Diese Untersuchungen können alle zur Ruhe führen. Ich rate also davon ab, auf dem Atem zu bleiben, weil das in diesem Fall nichts bringt. Der Atem ist traditionell das am meisten benutzte Meditationsobjekt, aber es gibt einige wenige Menschen, für die es nicht geeignet ist. Für diejenigen ist es dann besser, Liebende-Güte-Meditation durchzuführen oder die Vergänglichkeit zu betrachten.

Trägheit und Schläfrigkeit

F: Was mache ich nur mit dieser andauernden Trägheit, die sich darin zeigt, dass ich mich wieder und wieder in Gedankenketten aus Belanglosigkeiten, Träumereien ohne besonderen Sinn wieder finde? Das ist außerdem sehr hartnäckig, was bei mir ungewohnt ist.

A: Wenn du spürst, dass die Trägheit, die sich in Gedankenketten aus Belanglosigkeiten und Träumereien zeigt, immer wieder kommt, dann solltest du keine Ruhemeditation machen, sondern Einsichtsmeditation oder Kontemplation. Zum Beispiel kannst du die Vergänglichkeit jedes Atemzugs betrachten und sehen, wie das Einatmen und das Ausatmen zu Ende gehen. Jeder Atemzug ist vollkommen vergänglich. Daraus können wir dann schließen, dass wir von diesem total vergänglichen Luftzug, der in uns hineinströmt und wieder herausfließt, vollkommen abhängig sind. Und dann können wir noch andere Abhängigkeiten bei uns oder auch andere vergängliche Dinge finden und alles einmal untersuchen. Das hält den Geist im Allgemeinen wacher und vielleicht auch von Träumereien ab.

Oder aber wir führen die Kontemplation durch, bei der wir die eigenen Gefühle und Reaktionen bemerken, feststellen und sehen, ob sie heilsam oder unheilsam sind. Bei diesem Beispiel ist bestimmt auch eine Ablehnung der Situation dabei, die aber nicht hilfreich ist. Es ist nur nötig, sie zu erkennen, nicht zu tadeln, sondern zu versuchen, sie zu ändern. Die Ablehnung ist eine erneute negative Reaktion. Auch das sollten wir untersuchen. Wir versuchen also nicht während der Zeit, in der Trägheit besteht, zur Ruhe zu kommen, sondern beschäftigen uns dann mehr mit Einsicht.

F: Du sagst immer, während der Meditation zu dösen sei verschwendete Zeit. Wie soll ich da kein Resultatdenken entwickeln? Es fällt mir schwer, zwischen deiner Aufforderung und meinen Fähigkeiten die Balance zu finden.
A: Die Fähigkeit des Dösens haben wir bereits; wir müssen sie nicht neu entwickeln. Aber wir können uns einmal vornehmen, ganz achtsam zu meditieren. Und das ist nicht Resultatdenken, sondern Entschlusskraft, die wie ein Anker oder Motor wirkt, um uns wirklich einmal vom Dösen abzuhalten. Meditation zu erlernen ist reine Übungssache. Wenn die Meditation mit dem Atem überhaupt nicht funktioniert, dann können wir eine der zahlreichen anderen Methoden verwenden, denn das sind alles nur Methoden. Wenn uns der Atem

ganz besonders zum Dösen bringt, dann ist es oft sehr hilfreich, zuerst Einsicht zu praktizieren und dann zur Ruhe zu kommen. Einsicht kommt durch Kontemplation, aber auch durch das Betrachten der Vergänglichkeit jedes Atemzuges. Irgendetwas von diesen Dingen müsste interessant genug sein, um den Geist davor zu bewahren, dass er in Schläfrigkeit verfällt. Ist nichts interessant genug, dann sollten wir uns selbst etwas ausdenken anstatt zu dösen.

F: Was ist der Unterschied zwischen Schläfrigkeit und Ruhe?

A: Diese Frage deutet darauf hin, dass du nicht einschläfst, sondern mit dem Geist säuselst, was eine sehr beliebte Beschäftigung bei der Meditation ist, weil es recht angenehm ist. Wir müssen uns dafür nicht anstrengen, brauchen nicht zu verstehen, was wir tun, und haben sogar das Gefühl, dass es schön ruhig ist. Aber am Ende der Meditation haben wir weder die Energiezufuhr durch die Ruhemeditation noch den Klarblick durch die Einsicht. Dann haben wir eine halbe oder ganze Stunde ziemlich angenehm ohne Schmerzen gesessen und dem Geist erlaubt, dass er sich einfach in ein nebliges Feld zwischen Wachsein und Schlafen begibt. Das ist nicht unüblich, und der Unterschied zwischen Schläfrigkeit und Ruhe ist die Achtsamkeit. Wenn das geschieht, sollten wir sofort die Augen öffnen und neu beginnen. Denn sonst kann daraus sehr oft auch wirklicher Schlaf entstehen. In jedem Fall kommen weder Ruhe noch Einsicht, sondern sehr häufig entwickelt sich daraus die Gewohnheit des Geistes, das öfter zu wiederholen, weil es angenehm ist, wir in keiner

Weise gefordert werden und nicht achtsam sein müssen. Die Meditation fordert uns vor allem dann, wenn wir sie erlernen. Können wir sie bereits, dann ist sie kein Problem mehr. Alles, was wir können, fordert uns nicht mehr. Aber das, was wir noch nicht können, ist eine Herausforderung an die Fähigkeiten, die wir entwickeln wollen. Wenn wir schläfrig werden und der Geist anfängt zu säuseln, dann öffnen wir also die Augen, reden uns selbst gut zu, bewegen vielleicht die Schultern, um uns wieder richtig aufzuwecken, und beginnen von Neuem. Hat uns die Meditation richtige Ruhe gebracht, so fühlen wir uns danach voller Energie. Dann haben wir das Gefühl einer verstärkten geistigen Energie, die sich auch körperlich äußert. Wenn wir geschlafen haben, dann wollen wir weiterschlafen. Wenn unser Geist nach der Meditation sagt: „Jetzt lege ich mich aber hin", dann können wir sehr gut daran erkennen, dass wir nicht meditiert haben.

F: Sollen wir auch meditieren, wenn wir ziemlich müde sind? Kann die Müdigkeit auch ein Trick des Geistes sein, der Meditation zu entfliehen?
A: Ja, der Geist ist zu allem Möglichen fähig. Vor allem wenn wir noch nicht häufig meditiert haben, ist es sehr schwierig für den Geist, denn der einzige ihm bekannte Moment ohne Gedanken ist die Sekunde vor dem Einschlafen. Solange wir denken, können wir nämlich nicht einschlafen. Hier im Meditationskurs wird ihm andauernd erzählt, dass er nicht denken soll. Und so sagt er sich, dass er dann wohl schlafen soll, denn er kennt ja noch nichts anderes. Das geschieht immer wieder, ist nicht unüblich und kann auch ein Trick des

Geistes sein. Wenn wir müde sind, obwohl – wie hier im Meditationskurs – angesagt ist zu meditieren, dann sollten wir uns selbst gut zureden, die Augen offen halten, statt mit geschlossenen Augen zu meditieren. Wenn wir die Augen bei der Meditation offen halten, dann schauen wir nicht im Zimmer umher, sondern auf eine Stelle am Fußboden vor uns, ohne diese genau zu betrachten. In diesem Fall versuchen wir nicht, zur Ruhe zu kommen, sondern machen eine Kontemplation und untersuchen zum Beispiel die Vergänglichkeit. Dabei betrachten wir, wie vergänglich der Atem ist und sich immer wieder erneuern muss, und können daraus auch vielleicht Schlüsse ziehen, wie vergänglich alles andere in uns ist. Sollten wir zu Hause am späten Abend nach der täglichen Arbeit versuchen zu meditieren, wenn uns schon die Müdigkeit übermannt, so funktioniert das im Allgemeinen nicht sehr gut.

Meditation als Flucht vor Dukkha?

F: Kann Meditation eine Art Flucht vor *Dukkha* sein? Das heißt ein subtilerer Weg, um *Sukha* zu erleben, wenn wir alles andere schon erlebt haben? Oder aber mit anderen Worten: Wenn wir nicht unterscheiden zwischen einer guten Meditation mit einem guten Gefühl und der Reaktion darauf, so wie wir es meistens machen, wenn wir Schmerzen in den Beinen haben, daraufhin ein schlechtes Gefühl bekommen und uns als Reaktion darauf bewegen. Reagieren wir dann nicht auf dieselbe Weise, wie wir es immer tun, wenn wir unserem Wunsch folgen?

A: Wenn wir den Wunsch haben, das gute Gefühl der Meditation wiederzubekommen, dann reagieren wir natürlich auf dieselbe Art und Weise wie immer und es ist genauso sinnlos, wie es sonst auch ist. Wenn wir die gute Meditation wiederhaben wollen, dann bekommen wir sie garantiert nicht wieder. Denn das sind dann Resultatdenken und Leistungsdruck und nicht Meditation. Meditation ist Konzentration. Sind wir konzentriert, dann gehen wir in die meditative Vertiefung, in denen wir die angenehmen und glückseligen Gefühle erleben. Diese kommen jedoch ganz bestimmt nicht, wenn wir sie haben wollen. Denn dann konzentrieren wir uns auf das Haben-Wollen statt auf die Meditation. Wir können uns aber nur auf eine Sache konzentrieren, entweder auf das, was wir tun, oder auf das, was wir haben wollen. Bei der Meditation richten wir die Achtsamkeit auf das Meditationsobjekt, das heißt, wir konzentrieren uns auf das, was wir tun. Haben wir die erste meditative Vertiefung erlebt, dann betrachten wir als ersten Schritt danach die Vergänglichkeit der meditativen Vertiefung und des entsprechenden Gefühls. Wenn wir die Vergänglichkeit erkannt haben und wissen, dass die meditative Vertiefung genauso vergänglich ist wie alles andere, wird es uns vielleicht erspart bleiben, diesen Wunsch zu hegen. Ein Wunsch ist ein Wollen, und Haben-Wollen bringt nur *Dukkha*. Bei der Meditation müssen wir alles loslassen statt etwas bekommen zu wollen. Die Willenskraft ist zwar nötig für die Meditation, aber Wollen verhindert sie.

Widerstand in der Meditation

F: Wie kann ich mit Widerstand in der Meditation umgehen?

A: Diesen solltest du mit „Widerstand" benennen und dich fragen, wieso er kommt und was er eigentlich bedeutet. Weiter kannst du dich auch fragen: „Was gefällt mir denn nicht?", oder: „Was hätte ich denn gerne anders?", oder: „Hätte ich gerne wärmeres Wetter?", oder: „Würde ich mich gerne unterhalten?", oder: „Hätte ich doch meinen Fernseher mitbringen sollen?", oder: „Würde ich gerne täglich die Zeitung lesen?" Zunächst ist es wichtig zu erkennen, dass Widerstand da ist, und ihn dann zu befragen, warum er gekommen ist und was dir nicht passt. Dann kannst du vielleicht auch erkennen, dass Widerstand richtiges *Dukkha* ist. Und warum? Nur weil dir etwas nicht passt und aus keinem anderen Grund.

Individuelle Meditationsmethode

F: Eine Yogapraxis sollte auf die individuellen Bedürfnisse des Einzelnen abgestimmt sein. Gibt es solche Überlegungen auch für die Meditationspraxis?

A: Selbstverständlich gibt es das auch bei den 40 verschiedenen Meditationsmethoden, die der Buddha gelehrt hat. Jedoch können wir in einem viertägigen Meditationskurs nicht mehr als vier Methoden ansprechen. Um die richtige Methode auf einen Einzelnen abzustimmen, brauchen wir im Allgemeinen auch eine individuelle Beratung und eine längere Praxis, um das überhaupt erst einmal herauszufinden. Die Methoden, die wir in diesem

Meditationskurs verwenden, sind im Allgemeinen üblich und passen für die meisten Menschen.

Der Buddha hat die Menschen in zwei Haupttypen eingeteilt: die Hass- und die Giertypen. Das bedeutet jedoch nicht, dass ein Hasstyp keine Gier und ein Giertyp keinen Hass hat. Aber es heißt, dass wir von der einen Sache mehr als von der anderen haben. Und manche Meditationsmethoden sind besser für den Hasstyp und andere wiederum besser für den Giertyp. Zum Beispiel ist es für den Hasstyp unumgänglich nötig, sich mit der Liebenden-Güte-Meditation zu beschäftigen, und der Giertyp sollte sich mit den fünf täglichen Betrachtungen abgeben.

Der Hass fühlt sich zwar sehr unangenehm an, aber diese Menschen praktizieren ganz sicher, weil der Hass sich nämlich wie eine Gallenkrankheit anfühlt. Bei den Giertypen ist es anders: Sie beginnen immer wieder mit der Praxis und hören auch immer wieder auf, weil die Gier die Hoffnung auf Erfüllung erweckt. Diese Menschen denken oft, dass alles in Ordnung sein wird, wenn sie das Erwünschte bekommen. Dass es dann doch wieder nicht so ist, ist nur ein Auftakt dazu, sich etwas Neues auszudenken, das man unbedingt haben möchte. Im Norden Thailands sagte einmal ein berühmter Lehrer, dass er nur Hasstypen als Mönch haben wolle, denn bei ihnen weiß er wenigstens genau, dass sie praktizieren. Wie sich diese auf der menschlichen Ebene benehmen, ist ihm ganz egal, weil er erleuchtet ist. Mit den Giertypen kommt man im Allgemeinen besser aus, denn sie sind immer guter Hoffnung. Hasstypen sind schwierigere Menschen, aber sie üben. Danach werden dann auch häufig die Meditationsmethoden ausgerichtet, wenn man zusammen mit einem Lehrer für längere Zeit praktiziert.

Die Meditationsmethoden, die wir in diesem Kurs benutzen, sind für jeden wichtig. Dazu müssen wir auch noch verstehen, dass das alles lediglich Methoden sind. Bei der Liebenden-Güte-Meditation ist die tägliche Praxis wichtig, und bei der Atembetrachtung kommt es darauf an, sie eines Tages loslassen zu können und zur tatsächlichen Meditation zu gelangen.

Sitzhaltung und Umgang mit Schmerzen

F: Würdest du bitte einmal auf die Sitzhaltung eingehen? Im Zen beispielsweise gibt es recht genaue Vorschriften bezüglich Haltung und Blick und so weiter. Sicher hat es einen Grund, dass es hier anders gehandhabt wird.

A: Ja, Zen ist eine andere Tradition. Sehr viel von den äußeren Umständen der Meditation stammt aus dem jeweiligen kulturellen Bereich, in dem die Meditation geübt wurde. Der Buddha hat gesagt, dass wir in Körper und Geist komfortabel sein sollten, um meditieren zu können. Das bedeutet zunächst einmal für den Geist, dass wir jede Meditation mit Liebender-Güte für uns selbst oder mit der Freude und Dankbarkeit darüber, dass wir die Möglichkeit zu meditieren und einen spirituellen Pfad zu gehen haben, beginnen. Dieser spirituelle Weg ist weit entfernt von dem weltlichen Pfad und hat daher ganz andere Inhalte. Freude, Dankbarkeit und auch die Liebende-Güte für uns selbst sind Emotionen, die für die Meditation sehr hilfreich sind und den Geist komfortabel machen. Wenn der Geist sich nicht wohlfühlt, dann kann er nicht meditieren und es spielen sich dann nur Gedankengänge ab, die jedoch keine Meditation sind. Die Meditation ist ein inneres Erleben.

Ebenso soll der Körper komfortabel sein, was jedoch nicht bedeutet, dass wir uns zum Meditieren hinlegen. Haben wir das schon einmal versucht, dann wissen wir ganz genau, wieso es nicht funktioniert, wenn wir wieder aufgewacht sind. Zum Meditieren benutzen wir weder dieses Extrem noch das der äußerst unkomfortablen Körperhaltung. Des Buddhas Weg wird der mittlere Pfad genannt, der weder Luxus noch Askese bedeutet. Bei der Meditation sollten wir Körper und Geist so in der Balance halten, dass wir in der Lage sind loszulassen. Dann lassen wir geistig alles los, was sich bei uns innen abspielt. Leiden wir unter starken Schmerzen, die durch die Sitzstellung gekommen sind, so ist es kaum anzunehmen, dass wir sie ohne langjährige Praxis loslassen können. Dann sitzen wir mit Schmerzen und haben interessante Ideen dazu, die vielleicht so lauten: „Ich kann durchsitzen", oder: „Ich beiße die Zähne zusammen", oder: „Und wenn es das Letzte ist, was ich tue, ich werde es ihnen schon zeigen." Natürlich ist diese Art zu denken vollkommen sinnlos, da sie nur mit Hass verbunden ist.

Wenn wir den Sinneskontakt der Berührung beim Sitzen und das darauf folgende unangenehme Gefühl erkennen und nicht darauf reagieren, sondern weitermeditieren, so haben wir einen Lernprozess des Nicht-Reagierens. Dies sollten wir immer wieder üben, weil ja das unangenehme Gefühl immer wieder hochkommt. Bei der Meditation ist es das einzig Sinnvolle, immer wieder zum Atem zurückzukehren, sobald ein unangenehmes Gefühl aufgetreten ist. Das kann jeder mehrmals für ein paar Minuten durchführen. Vielleicht sagt dann der Geist: „Das ist ja alles sehr interessant, aber so kann ich nicht sitzen." In dem Fall können wir uns langsam und vorsichtig umsetzen, um weder uns selbst noch unseren Sitznachbarn zu stören. Es ist sinnlos, sich während des Meditierens mit dem Körper herumzuschlagen, da er in vielen Lebenssituationen schon unangenehm genug ist. Wir sollten den Körper so auf dem Meditationskissen arrangieren können, dass wir für längere Zeit so sitzen können oder aber uns umsetzen, falls es nötig sein sollte. Die Lernsituation liegt im Nicht-Reagieren und nicht im Sich-selbst-beweisen-Wollen, wie gut wir durchsitzen können.

Jede Negativität, die hochkommt, ist ein Hindernis für die Meditation. Deshalb ist in dieser Tradition die Stellung der Beine nicht wichtig. Der Rücken sollte gerade aufgerichtet sein und dennoch entspannt. Auch die Haltung der Hände ist jedem selbst überlassen. Die Idee dahinter besagt, dass wir den Körper so wenig wie möglich spüren sollten, denn er hat ja schon genug Schwierigkeiten. Je weniger wir ihn spüren, desto besser ist unsere Meditation. Wir sollten also eine Sitzhaltung finden, mit der wir sowohl diszipliniert als auch entspannt sitzen können. Lassen wir uns nämlich mit dem Körper gehen, dann lassen wir uns auch mit dem Geist gehen und können dann auch nicht meditieren. Hier gehen wir also den Mittelweg zwischen Disziplin und Entspannung.

F: Wie gehe ich am besten mit körperlichem Schmerz bei längerem Sitzen um? Was mache ich mit meinem Schmerz? Ich etikettiere ihn, aber ich werde ihn nicht los. Ist es in Ordnung, meine Beinstellung zu ändern? Oder ist es eine wichtige Anti-Ich-Übung, den Schmerz auszuhalten?

A: Durch Schmerzen beim Sitzen können wir unsere Sinneskontakte und unsere Reaktionen darauf kennen lernen. Beim Sitzen haben wir den Berührungskontakt als Sinneskontakt, indem zum Beispiel ein Bein das andere berührt oder die Füße die Matte berühren. Daraus entsteht ein Gefühl, das in diesem Fall unangenehm ist. Es gibt nur drei Arten von Gefühlen: angenehme, unangenehme und neutrale. Mit den neutralen Gefühlen beschäftigen wir uns nicht weiter, weil sie ja nicht unangenehm sind. Von morgens bis abends sind wir ständig mit den angenehmen und unangenehmen Gefühlen beschäftigt. Auf das unangenehme Gefühl folgt die Wahrnehmung, die Schmerz sagt. Dann kommt die Reaktion, die sich zum Beispiel so äußert: „Das ist ja schrecklich!", oder: „So kann ja kein Mensch sitzen", oder: „Soll ich das jetzt durchhalten und die Zähne zusammenbeißen?", oder: „Was mache ich nur? Das ist so furchtbar unangenehm."

Hierbei lernen wir kennen, was der Buddha die vier Anhäufungsgruppen des Geistes genannt hat. Auf *Pāli* heißen sie die vier *Khandhas*. Das erste ist der Sinneskontakt. Mit den Schwierigkeiten in der Sitzstellung haben wir ein ganz besonders gutes Beispiel, wie der Ablauf der *Khandhas* funktioniert. Auf jeden Sinneskontakt folgt ein Gefühl, das entweder angenehm, unangenehm oder neutral ist. In diesem Fall handelt es sich um ein unangenehmes Gefühl. An dieser Stelle könnten wir Schluss machen, aber das machen wir im Allgemeinen nicht. Wir benennen zum Beispiel das unangenehme Gefühl mit Schmerz und reagieren darauf. Diesen vierfachen Weg, den wir von morgens bis abends bei allem, was uns begegnet, einschlagen, kennen zu lernen, ist ein ganz wichtiger Lernprozess. Sollten wir bereits reagiert haben, bevor uns der Lernprozess eingefallen ist, dann gehen wir noch einmal zu dem Berührungskontakt zurück, zu dem unangenehmen Gefühl, zu dem Schmerz und der Reaktion darauf, ihn nicht leiden zu können. Nachdem wir das gemacht haben, können wir versuchen, für kurze Zeit nicht zu reagieren, sondern lediglich das unangenehme Gefühl festzustellen und zum Meditationsobjekt zurückzukehren.

Dabei lernen wir, dass wir nicht reagieren müssen. Im Allgemeinen reagieren wir, weil wir das gewohnt sind. Wahrscheinlich sagt dann der Geist: „Das ist ja sehr interessant, aber so kann ich nicht sitzen." In dem Fall setzen wir uns langsam und vorsichtig um, sodass weder der Nachbar noch wir selbst zu sehr gestört werden. Dann können wir uns selbst gegenüber zugeben, dass wir ein Opfer unseres unangenehmen Gefühls geworden sind, wie es schon oft im Leben geschehen ist. Das soll jedoch kein Tadel sein, sondern ein Erkennen. Wir sind andauernd Opfer unserer angenehmen und unangenehmen Gefühle, aber das ist uns meistens nicht bewusst. Wir glauben, dass wir die unangenehmen Gefühle durch Ablehnung und Widerwillen loswerden und die angenehmen durch Begehren behalten könnten. Beides stimmt nicht, was wir an diesem Beispiel sofort erkennen können. Hier haben wir die Möglichkeit zu erkennen, was wir tun, auch wenn wir doch wieder reagieren sollten. Erst einmal versuchen wir, das unangenehme Gefühl ein unangenehmes Gefühl sein zu lassen, ohne überhaupt etwas damit anzufangen. Dann können wir zugeben, dass wir es nicht mehr aushalten. Denn es ist sinnlos, mit zusammengebissenen Zähnen und negativen Gefühlen weiterzusitzen, wenn die Gefühle und die Reaktion darauf so negativ sind, dass wir gar nicht meditieren können.

F: Wie soll ich mit den Schmerzen beim Sitzen umgehen? Ich erkenne die Stufen: Tastempfindung, unangenehm, Schmerz, aber ich kann nicht vom Schmerz loslassen.
A: Hier fehlt das Wichtigste beim Erkennen dieser Stufen, nämlich die Reaktion, die vierte Stufe. Als Erstes kommt der Sinneskontakt, auf den als Zweites das unangenehme Gefühl folgt. Das Dritte ist die Wahrnehmung, die etikettiert, worauf als Viertes die Reaktion erfolgt. Weil das Wichtigste ausgelassen wird, funktioniert es natürlich nicht. Wir können nämlich nicht den Schmerz, die benannte Wahrnehmung, loslassen, sondern nur die Reaktion darauf. Im Allgemeinen passiert es sehr leicht, dass dieser vierte Schritt vergessen wird. Deshalb funktioniert es ja auch nicht.

F: Ich habe Probleme mit dem Sitzen, weil mir die Beine dabei einschlafen. Empfiehlt es sich, dem nachzugeben und sich zu bewegen, oder soll ich versuchen, das auszuhalten?

A: Im Prinzip können wir versuchen, den Schmerz auszuhalten. Der Buddha hat Erdulden als eine von den ganz wichtigen Qualitäten genannt, die auf dem spirituellen Weg nötig sind. Das bedeutet jedoch nicht Askese, sondern das Erdulden von Unannehmlichkeiten, was in unserer sehr wohlhabenden und komfortablen westlichen Welt im Allgemeinen abgelehnt wird.

Bei der Sitzstellung gilt aber noch etwas anderes als das Erdulden. Dabei ist ein Erkennen oder eine Einsicht nötig und äußerst wichtig, die uns unsere eigenen Reaktionen verdeutlicht. Die Annehmlichkeiten, von denen wir glauben, sie seien unser Recht, sind lediglich momentane angenehme Gefühle. Ebenso ist es mit den momentanen unangenehmen Gefühlen. Bei der Sitzstellung können wir ganz deutlich feststellen, wie wir auf unsere Sinneskontakte reagieren. Ohne das zu lernen, erfahren wir nicht genügend über uns selbst. Diese Selbsterkenntnis ist jedoch für den spirituellen Weg unumgänglich nötig.

Beim Sitzen benutzen wir den Sinneskontakt der Berührung: Entweder berührt ein Bein das andere oder beide Beine das Kissen oder die Matte. Jeder Sinneskontakt, ob das Sehen, Hören, Riechen, Schmecken, Berühren oder Denken ist, hat ein Gefühl zur Folge, das entweder angenehm, unangenehm oder neutral ist. Die neutralen Gefühlen beachten wir nicht weiter, weil wir sie nicht spüren und sie wenigstens nicht unangenehm sind. Mit den angenehmen und unangenehmen Gefühlen sind wir jedoch von morgens bis abends beschäftigt, und zwar auf eine Art und Weise, die niemals zum Erfolg führen kann. Wir möchten nur die angenehmen Gefühle bekommen und behalten, die unangenehmen Gefühle auf jeden Fall loswerden und nie wieder bekommen. Wenn das so ausgesprochen wird, können wir ganz deutlich erkennen, wie absurd es ist. Obwohl es noch nie jemandem gelungen ist, beschäftigt sich die ganze Menschheit von morgens bis abends mit nichts anderem. So funktionieren die ganze Wirtschaft und unsere Beziehungen. Wir verschwenden jedoch Zeit und Energie auf das vollkommen hoffnungslose Ziel, nur das Angenehme zu haben und zu behalten und das Unangenehme loszuwerden und nie wieder zu bekommen. Wir können einmal untersuchen, ob uns das schon jemals gelungen ist. Im Allgemeinen wissen wir, dass es uns nicht möglich ist, glauben aber, dass irgendjemand diese Unannehmlichkeiten hervorruft. Dann wollen wir diesen Menschen oder die Situation, die uns – nach unserem Glauben – im Weg stehen, loswerden und nur noch das Angenehme bekommen. Auch das ist absurd, was wir alle erkennen können. Der Buddha wollte weder, dass wir irgendetwas glauben, noch, dass wir an allem zweifeln, sondern, dass wir wirklich untersuchen. Wenn wir die hier erklärte Phase untersuchen, dann sehen wir die Dinge, wie sie wirklich sind.

In diesem Fall entsteht also bei der Sitzstellung ein unangenehmes Gefühl wie das Einschlafen der Beine. Darauf reagiert der Geist mit Nichthaben-Wollen. Dazwischen liegt jedoch noch ein Schritt, nämlich die Wahrnehmung beziehungsweise das Etikettieren, was uns nicht bewusst ist, weil es so schnell abläuft. Das Etikettieren, das dazwischen liegt und wir auch alle machen, lautet in diesem Fall zum Beispiel: „Schmerz", oder: „scheußlich".

Als Reaktion darauf bewegen wir uns dann weg davon. Die Alternative des Durchhaltens, die hier vorgeschlagen wird, ist in diesem Fall wenig erfolgreich, weil sie mit Negativität durchtränkt ist. Diese Negativität kann sich dann so äußern: „Ich kann auch mit Schmerzen sitzen", oder: „Ich werde es allen beweisen", oder: „Ich kann durchhalten, obwohl es scheußlich ist", oder: „Wozu tue ich mir das eigentlich an?", oder: „Ich setze mich lieber auf einen Stuhl." All das ist sinnlos, und wir lernen nichts dabei. Stattdessen sind wir genau da, wo wir immer sind, nämlich dass wir das Unangenehme nicht leiden können und deshalb versuchen, es uns so angenehm wie möglich zu machen. Das tun wir andauernd von morgens bis abends mit unseren Berührungskontakten wie hören, sehen, schmecken, riechen, berühren oder denken.

Hilfreich und für eine Lernsituation förderlich ist Folgendes: Bei dem Sinneskontakt der Berührung entsteht ein unangenehmes Gefühl, das wir mit Schmerz bezeichnen und auf das wir negativ und mit Loswerden-Wollen reagieren. Stattdessen können wir die Reaktion fallen lassen und zu unserem Meditationsobjekt des Atems zurückkehren, ohne dass der Geist negativ auf das schmerzhafte Gefühl reagiert. Das können wir alle für ein paar Momente durchführen, müssen es uns aber natürlich jedes Mal wieder von Neuem vorsagen. Das tun wir solange, bis unser Geist vielleicht sagt: „Das ist ja hochinteressant, aber so kann ich nicht sitzen." Das ist in Ordnung, und dann können wir uns langsam und vorsichtig umsetzen. Wir reden uns jedoch nicht ein, dass wir unmöglich so sitzen können, sondern erkennen, dass wir ein Opfer unserer negativen Reaktionen geworden sind. Ständig werden wir Opfer unserer negativen Reaktionen, aber es ist uns nicht bewusst. Bei der Meditation können wir endlich einmal erkennen, dass wir das Opfer unserer negativen Reaktionen geworden sind. Das ist weder eine Beschuldigung noch ein Tadel, sondern ein Tatsachenbefund, der Einsicht bedeutet.

Es ist nicht sinnvoll zu denken: „Das ist ja fürchterlich unangenehm, also ich setze mich auf einen Stuhl", oder: „Ich sitze hier, auch wenn ich es noch so entsetzlich finde." Beides benutzen wir im Allgemeinen, aber es nutzt gar nichts. Das einzig Sinnvolle ist es, zu erkennen, wie wir selbst reagieren und ständig auf der Suche nach dem Angenehmen sind. Das bekommen wir auch öfter, aber sehr oft eben nicht. Selbst wenn wir das Angenehme bekommen sollten, dann können wir es doch nicht behalten, denn es ist genauso vergänglich wie alles andere. Deshalb ist es eine ausgezeichnete Lernsituation, wenn wir sie richtig benutzen, um uns selbst zu erkennen. Wenn der Wunsch sich zu bewegen gekommen ist, dann gehen wir zu dem ursprünglichen Berührungskontakt zurück, erleben noch einmal das Gefühl, erkennen das Etikett, das wir verwenden, sowie unsere Reaktion darauf und versuchen, diese fallen zu lassen.

Reaktionen fallen zu lassen, bedeutet nicht, sie zu unterdrücken. Wir können nämlich nur das fallen lassen, was wir vollkommen in der Hand halten, denn sonst können wir es nicht loslassen. Das Fallenlassen einer Reaktion, vor allem auf etwas Unangenehmes, ist ein ganz wichtiger Schritt, den wir mindestens hundertmal am Tag anwenden sollten.

F: Wenn ich während der Meditation Verspannungen am Hals, im Nacken oder an der Schulter spüre, was soll ich dann tun? Soll ich dorthin atmen und versuchen, sie zu lockern, oder einfach nur beobachten? Gestern war mein Rücken verspannt, heute schmerzen die Knie. Dabei half es nicht, zu etikettieren oder mich auf den Schmerz als Meditationsobjekt zu konzentrieren. Sind das Widerstände? Und geschieht das oft? Was mache ich gegen quälende Rückenschmerzen während und nach der Meditation?

A: Wenn wir Verspannungen spüren, dann lassen wir los und entspannen, indem wir die Augen öffnen, die Schultern fallen lassen, den Nacken, den Bauch, den ganzen Körper und vor allen Dingen den Geist entspannen. Denn der Geist ist angespannt und verspannt den Körper. Spüren wir also Verspannungen, dann entspannen wir und beginnen die Meditation von Neuem. Die Verspannungen rühren häufig daher, dass wir zu sehr auf Resultate aus sind. Dieses Resultatdenken sollten wir fallen lassen. Das Etikettieren der Schmerzen wird kaum helfen, weil es ja nur beschreibt, was ist.

Unser Geist besteht aus vier Teilen, die ständig, ohne Unterbrechung, in einer vorgegebenen Reihenfolge erscheinen, sodass wir vorprogrammiert reagieren. Das geschieht auch bei den Unannehmlichkeiten, die durch das Sitzen während der Meditation kommen können. Als Erstes entsteht der Sinneskontakt. In diesem Fall ist es der Berührungskontakt zum Beispiel des Knies oder des Fußes auf der Sitzmatte. Daraus resultiert unweigerlich ein Gefühl, denn auf jeden Sinneskontakt folgt ein Gefühl. Hier kommt ein unangenehmes Gefühl.

Als Nächstes folgt die Wahrnehmung, die der Geist in diesem Fall „Schmerz" nennt. Dann kommt unweigerlich die Reaktion, die sich beispielsweise äußert in: „Das kann ich nicht leiden!", oder: „Davon muss ich weg!", oder: „Das ist ja schrecklich!", oder: „So kann man nicht sitzen!", oder: „Wozu das alles?", oder: „Wer braucht denn einen spirituellen Weg?" So spielt sich das von morgens bis abends bei uns ab. Bei einem angenehmen Gefühl geht es umgekehrt: Die Wahrnehmung benennt es mit schön, und der Geist sagt dazu: „Das möchte ich haben und behalten." Wir sollten einmal ausprobieren, ob es so tatsächlich stimmt.

Bei der Sitzstellung während der Meditation gehen wir zum Anfang des Berührungskontaktes zurück, anstatt uns automatisch umzusetzen. Bei diesem Automatismus ist nämlich nichts gewonnen, denn der Schmerz kehrt nach fünf oder zehn Minuten zurück. Dann haben wir weder etwas gelernt, noch sind wir den Schmerzen ausgewichen. Daher gehen wir zum Anfang zurück und stellen den Berührungskontakt sowie das unangenehme Gefühl fest. Wir wählen das Etikett, zum Beispiel Schmerz, und untersuchen, wie wir uns damit fühlen. Vielleicht denken wir: „Das will ich nicht. Deshalb ist mir der Schmerz äußerst unangenehm", oder: „Wie kann ich diesen Schmerz so schnell wie möglich loswerden?" Auf diese Art lernen wir wenigstens etwas daraus und erleben diese Unannehmlichkeiten nicht umsonst. Können wir versuchen, auf das unangenehme Gefühl, Schmerz genannt, das dem Berührungskontakt folgt, nicht zu reagieren? Meistens laufen wir vor allem weg, das uns unangenehme Gefühle bereitet, aber sie kommen natürlich wieder zurück. Außerdem wollen wir das loswerden, von dem wir glauben, dass es an unseren unangenehmen Gefühlen schuld sei, und bewegen uns fort.

Hier während der Meditation in einem Kurs sind wir etwas gefangen und können nicht so schnell weg. Dann fangen wir an, innerlich zu schimpfen. Stattdessen können wir einmal versuchen, auch ohne Reaktion auszukommen. Oder müssen wir Sklave unserer Gefühle sein? Wenn wir nicht reagieren müssen, können wir zum Atem zurückkehren. Dann kommt das unangenehme Gefühl wieder, und wir können noch einmal probieren, nicht darauf zu reagieren, denn das ist das offene Geheimnis. Wir können dieses vorprogrammierte Verhalten, das sich ständig in uns abspielt, einmal durchbrechen. Das ist die einzige Möglichkeit, um unsere automatischen Reaktionen zu beenden. Sonst bleibt es immer dabei, dass wir das Angenehme haben und das Unangenehme loswerden wollen. Außerdem versuchen wir immer so über die Runden zu kommen, dass das Angenehme das Unangenehme überwiegt. Wenn das nicht mehr funktioniert, dann ist es im Allgemeinen eine Tragödie, aber es ist vollkommen unnötig.

Wir erkennen also, was bei uns in diesen vier Stufen abläuft und wie wir das Programm durch Nicht-Reagieren durchbrechen können. Sagt dann der Geist: „Das ist ja alles interessant, und ich habe nun schon nicht reagiert, aber jetzt habe ich wieder Schmerzen bekommen. Das mag ich nicht", dann können wir uns ganz langsam und vorsichtig umsetzen und uns selbst gegenüber zugeben, dass wir Opfer unseres unangenehmen Gefühls geworden sind. Dann haben wir aus der Situation wenigstens etwas gelernt. Wir werden nämlich ständig Opfer unserer unangenehmen Gefühle. Sagt jemand etwas, womit wir nicht einverstanden sind, haben wir unangenehme Gefühle, und schon sind wir dagegen und fangen an zu argumentieren. Bei der Meditation können wir endlich einmal feststellen, wie wir Opfer unserer unangenehmen Gefühle werden.

Reaktion auf körperliche Schwierigkeiten

F: In der Meditation habe ich große Probleme mit der Konzentration, da mir die hormonelle und körperliche Umstellung der Wechseljahre sehr zu schaffen macht. Die Meditation wird mehrmals durch körperliche Reaktionen wie Schweißausbrüche, darauf folgende Kälte des Körpers und Herzklopfen unterbrochen. So ist eine Vertiefung der Meditation nicht möglich. Kannst du mir einen Rat geben, wie die Meditation wieder tiefer werden kann? Die zweite Stufe der meditativen Vertiefung hatte ich im letzten Jahr schon erfahren dürfen.

A: Erst einmal solltest du die meditative Vertiefung vergessen, denn du hast jetzt eine ganz andere Aufgabe. Da du die Vertiefung bereits erlebt hast, geht der Geist jetzt auf die Suche danach und schaut, wo sie denn geblieben ist. Auf die Art kommt sie ganz bestimmt nicht. Im Moment ist Einsicht durch die Körperschwierigkeiten angesagt. Die Wechseljahre sind eine ganz bestimmte Zeitperiode im Leben, in der sich etwas wandelt. Diesen Wechsel können wir als Naturphänomen betrachten und unseren Körper als Lehrmeister verwenden. Der Körper kann uns sehr viel zeigen, indem wir beobachten, wie der

Geist darauf reagiert. Wem das Älterwerden Schwierigkeiten bereitet, kann sich klar machen, dass jeder, der nicht alt werden will, jung sterben muss. Der Buddha hat einmal gesagt, dass es ein Zeichen für gutes Karma sei, wenn wir alt werden. In diesem Fall ist der Moment gekommen, um uns darüber ganz klar zu werden, wie der Geist auf körperliche Schwierigkeiten reagiert. Weshalb reagiert der Geist negativ darauf? Lösen sich dadurch die körperlichen Schwierigkeiten auf? Ganz sicher nicht.

Neben den körperlichen Schwierigkeiten bereiten wir uns dann auch noch gleich geistige Schwierigkeiten und machen uns somit Doppel*dukkha*. Daraufhin sollten wir uns fragen, wozu denn das nötig ist, und uns selbst gut zureden, dass wir das sicher nicht brauchen. *Dukkha* mit dem Körper zu haben, genügt schon. Deshalb müssen wir nicht auch noch mit dem Geist darauf reagieren. Dann sagt der Geist vielleicht: „Das brauche ich zwar nicht, aber es ist doch alles so unangenehm." Dann können wir uns fragen, was so unangenehm ist. Es ist unangenehm, weil der Körper anders reagiert als früher und sich nicht mehr auf genau dieselbe Art und Weise äußert. Schweißausbrüche und Kälte können an Plätzen auftreten, an denen es entweder sehr heiß oder sehr kalt ist. Wo steht geschrieben, dass wir immer genau die richtige Temperatur haben müssen? Zum Beispiel wissen wir hier in Deutschland manchmal nicht so recht, was wir anziehen sollen, und sind entweder viel zu warm oder viel zu dünn angezogen. Das könnte in Sri Lanka nicht passieren, denn dort zieht man immer dasselbe an, weil es da immer heiß ist. Schweißausbruch und die darauf folgende Kälte sind nichts anderes als der Ausdruck eines der vier Elemente, nämlich des Feuerelements, das in allem Existierenden enthalten ist.

Weiterhin können wir auch noch ganz deutlich die Erste und Zweite Edle Wahrheit in uns erleben. Deshalb sage ich, dass hier eine Einsichtsstufe angesagt ist und nicht die Versenkungsstufe. Die Erste Edle Wahrheit besagt, dass in jeglicher Existenz *Dukkha* vorhanden ist. Die Zweite Edle Wahrheit beinhaltet, dass es nur einen einzigen Grund für *Dukkha* gibt, nämlich Begehren, das sich als Haben-Wollen oder Loswerden-Wollen äußert. Hier ist es ganz einfach zu erkennen: „Ich will es nicht und möchte es loswerden. Ich will weder einen Schweißausbruch haben, noch möchte ich mich kalt fühlen. Auch möchte ich kein Herzklopfen haben." Herzklopfen ist übrigens auch ein Resultat von Ablehnung. Wenn wir den Schweißausbruch oder die Kälte mit vollkommenem Gleichmut umgeben, dann wird das Herz auch nicht so angestrengt. Wenn wir uns die Erste und Zweite Edle Wahrheit einmal vor Augen führen, dann können wir feststellen, dass wir nur deshalb *Dukkha* haben, weil uns die Dinge so, wie sie sind, nicht passen. Würden sie uns passen, hätten wir kein *Dukkha*. Das bedeutet jedoch nicht, nicht mehr aktiv zu sein, sondern einzig und allein, dass der Geist sich hingibt und sagt: „So ist es, ich muss nicht dagegen sein." Praktizieren wir das zum Beispiel in dieser Situation beim Meditationskurs, dann kann uns das im täglichen Leben äußerst hilfreich sein. Je weniger wir uns dagegen stemmen, was auf uns persönlich einströmt, desto einfacher wird unser Leben. Wir müssen nicht unbedingt etwas unternehmen, um unsere Persönlichkeit und unsere persönlichen Wünsche zu behaupten. Hier ist ein ganz wichtiger Moment gekommen, um die Erste und Zweite Edle Wahrheit in uns zu erkennen und zu üben. Wenn wir loslassen, dann haben wir kein *Dukkha*.

In den Wechseljahren ist das hier Beschriebene ein ganz übliches Erlebnis. Es gibt dann sogar noch bedeutend Unangenehmeres als dieses Erlebnis. Aber so ist es gerade, und wir wissen, dass auch das vergänglich ist, genau wie das ganze Leben. Wieso sollten wir uns jetzt diese ein oder zwei Jahre verderben, indem wir darüber unglücklich sind? Stattdessen sollten wir diese Erlebnisse als Lernsituation verwenden.

Geräuschempfindlich

F: Während der Meditation reagiere ich sehr empfindlich auf Geräusche. Wenn zum Beispiel jemand niest, geht es wie eine Erschütterung durch meinen ganzen Körper. Woher kommt das und sollte ich irgendetwas verändern?

A: Es ist möglich, dass der Geist nicht achtsam ist, sondern säuselt. Sind wir beim angenehmen Säuseln und niest dann jemand in der Nähe, so ist das höchst unangenehm. Sind wir jedoch sehr achtsam bei der Meditation, dann dürfte uns das Geräusch überhaupt nicht weiter stören. Bei einer solchen Gelegenheit sollten wir sofort die Achtsamkeit auf das Geräusch lenken und dann erkennen, dass das Geräusch keine Reaktion braucht, sondern einfach ein Geräusch ist. Wenn wir vorher schon körperlich reagiert haben, so schadet das nichts, denn dann können wir trotzdem noch mit der Achtsamkeit auf das Geräusch gehen und erkennen, dass alles lediglich Geräusch war. Im Allgemeinen bedeutet diese Reaktion kein Zeichen von Sensibilität oder dafür, dass die Meditation ganz besonders gut verläuft. Sie ist eher ein Zeichen dafür, dass der Geist nicht vollkommen achtsam ist. Ist der Geist nämlich vollkommen achtsam, dann weiß er ganz genau, was vor sich geht, und lässt sich nicht erschrecken. Schreck kommt aus der Begegnung mit dem Unbekannten und nicht mit dem Bekannten.

Schwierigkeiten bei der Meditation

F: Ist es nötig, bei der Meditation Schwierigkeiten zu ertragen? Ich glaube, mein Erlebnis kann meine Frage selbst beantworten. Bei der Meditation heute Morgen versuchte ich zunächst, Liebende-Güte mithilfe meines liebsten Menschen zu entfalten. Es gelang mir nur ganz kurz, dann überrollte mich der Lärm der Autobahn, der mir wie ein Aufstand von Drachen und Dämonen vorkam. Ich dachte, dass das ja entsetzlich sei, ich es nicht mehr aushalten könne und ob denn niemand die Fenster schließen konne. Bei diesem Gedanken wurde es immer schlimmer. Da versuchte ich, mir das Brausen der Autos als das Rauschen des Atlantiks vorzustellen. Kurz ging es ganz gut, bis wieder mit grausigem Heulen ein Drachenungeheuer erschien, das den Atlantik in sich verschlang. Die Atembetrachtung erschien mir unmöglich in diesem Inferno. Da änderte sich plötzlich mein Sinn. Ich beschloss, einfach auf das Geräusch zu lauschen und mich in den Strom unserer Zeit hineinfließen zu lassen. Und – kaum zu glauben – es gelang für eine ganze Zeit, sogar bis zum kurzzeitigen entzückenden Gefühl. Als ich wieder auftauchte, dachte ich: „Komisch, jetzt sind die Autos weniger geworden."

A: Ich glaube, das ist nicht nur eine interessante Frage, sondern auch etwas, das wir selbst gebrauchen können. Natürlich ist es nicht nötig, sich unnötige Schwierigkeiten bei der Meditation zu bereiten. Wenn man also Fenster schließen kann, soll man sie ruhig schließen.

F: Obwohl ich mich freue, in der Stille anzukommen, und spüre, wie mein Geist loslässt und entspannt, kommt – wie bei jedem Retreat – auch eine Menge Trauer hoch. Ist das all das *Dukkha*, das ich sonst vielleicht verdränge?

A: Trauer bedeutet im Prinzip, dass wir entweder nicht das bekommen, was wir wollen, oder aber nicht das loswerden, was wir nicht haben wollen. Weiter gibt es überhaupt nichts. Daher wäre es sehr wichtig, diese Trauer einmal zu untersuchen. Es könnte auch sein, dass Trauer hochkommt, weil dir bewusst wird, dass in der Meditation, in der Stille, in der Gesammeltheit und in der Lehre des Buddha viel mehr Freude möglich ist, als wir sonst im Alltag erleben. In diesem Fall ist es wichtig, einmal zu untersuchen, warum du denn traurig bist. Dazu gehört jedoch auch noch das Verständnis dafür, dass wir doch nur uns selbst unglücklich machen, wenn wir traurig sind. Ergibt das irgendeinen Sinn? Oder bringt uns das irgendetwas? Wenn das immer wiederkommt, dann ist es wichtig zu wissen wieso. Die Antwort auf eine Frage ist wieder eine neue Frage, solange bis wir zum Ende dieser Fragestellung kommen. Es ist nicht sinnvoll, das Ende jetzt zu erklären, denn da muss jeder selbst hinkommen. Auf diese Art lernen wir eine Menge über uns selbst. Es könnte nichts wichtiger sein.

F: Wie kann ich mich konzentrieren, wenn die Meditationstechnik automatisch wird und ich alles Mögliche denke, während ich die Atemzüge zähle?
A: Damit solltest du sofort aufhören, denn das ist vollkommen sinnlos. Das Zählen der Atemzüge bei der Meditation kann sehr leicht automatisch werden. In dem Fall sollten wir stattdessen Liebende-Güte-Meditation machen. Wird diese auch automatisch, dann machen wir Kontemplation. Manche Menschen müssen zuerst Einsicht erlangen, bevor sie überhaupt zur Ruhe kommen können. Der leichtere Weg geht über die Ruhe zur Einsicht, aber nicht bei jedem ist die Tendenz so gegeben, dass er das kann. In der Kontemplation können wir dann untersuchen, weshalb wir nicht aufpassen können. Wir können uns Fragen stellen wie: „War ich am Tag achtsam?", oder: „Was ist mit meiner Achtsamkeit? Habe ich sie überhaupt praktiziert oder schon längst vergessen?" Und wir befragen uns selbst, worum es uns tatsächlich geht. In der Meditation und in der Kontemplation wollen wir den Geist ganz klar und deutlich benutzen, anstatt ihn säuseln zu lassen. Das kann er automatisch, aber es kommt überhaupt nichts dabei heraus.

F: Ich weiß, dass ich bei der Meditation nicht denken soll. Also sitze ich da und beobachte meinen Atem, und dann fangen vor meinen Augen die Bilder an zu laufen. Ohne Gedanken zu haben, sehe ich sofort, worum es sich handelt, die Personen, Häuser, Straßen und so weiter. Das läuft so schnell nacheinander ab, dass ich nicht einmal mehr zum Etikettieren komme. Was kann oder soll ich da machen?

A: Bilder sind ein Ersatz für Gedanken. Visuell veranlagte Menschen machen das sehr häufig und erklären dann auch noch diese Bilder, so wie du es hier beschrieben hast. Im täglichen Leben erklären wir diese Bilder mit: „Ich habe das gern", oder: „Ich habe das nicht gern." Als Erstes kommt also das Bild und dann der Gedanke. Im Prinzip ist es nichts anderes als denken, nur auf eine andere Art und Weise. Wir sollten Geduld mit uns selbst haben und darauf vertrauen, dass sich der Geist eines Tages doch etwas beruhigt. Solange praktizieren wir Liebende-Güte-Meditation und Kontemplation und versuchen dann immer wieder, zur Ruhemeditation zu wechseln und den Atem zu beobachten. Um die Meditation zu erlernen, brauchen wir Geduld und Durchhaltevermögen. Es gibt überhaupt nur drei Dinge, die wir bei der Meditation beachten müssen. Das Erste heißt üben, das Zweite heißt üben, und das Dritte heißt üben.

F: Wenn ich voll konzentriert bin und sich der Nebel aus Gedanken gelichtet hat, erscheinen mir die Objekte meiner Betrachtung – wie Empfindung oder Geräusch – äußerst fest und klar. Es ist für mich wie eine unverrückbare Realität. Mein „Ich" macht sich aber schnell wieder bemerkbar, indem eine Angst aufsteigt, die sagt: „Stell dir vor, du könntest jetzt nicht mehr aufhören, dich zu konzentrieren." Dann erschrecke ich und öffne die Augen, um mich abzulenken. Wenn ich so gut konzentriert bin, ist es, als gäbe es keine Nischen mehr für einen Rückzug, in denen ich mich verstecken und ausruhen kann. Kannst du mir raten, wie ich weiter üben soll?

A: Als Erstes solltest du einmal untersuchen, wozu du Ecken und Nischen brauchst, in denen du dich ausruhen kannst. Wovor willst du dich verstecken und wovon ausruhen? Das kann ich nicht für dich beantworten. Das kannst du nur selbst tun. Danach wirst du feststellen können, dass das Verstecken und Ausruhen überhaupt nicht von Wichtigkeit ist. Wie ruhen wir uns denn im Geist aus? Indem wir den Geist einmal zur Ruhe kommen lassen.

Der Begriff „Nebel der Gedanken" deutet darauf hin, dass du gewöhnt bist, mit dem Geist zu säuseln, statt zu meditieren. Das führt zu einem vernebelten Gefühl und ist angenehm, aber wir wissen dann nicht, was los ist. In einem solchen Fall sollten wir untersuchen, was wir in der Meditation machen. Dann ist dir alles ganz klar erschienen, was erschreckend war. Deshalb solltest du untersuchen, weshalb dich Klarheit erschreckt. Jede Antwort auf eine dieser Fragen ist wieder eine neue Frage. Das ist der Weg zur Einsicht in uns selbst.

F: Wie lange kommen bei der Meditation vergangene Situationen und Erlebnisse hoch? Es kommt mir so vor, als nähme das kein Ende. Es werden immer mehr, und ich fühle mich wie in meinem eigenen Gefängnis.

A: Das ist natürlich bedauerlich, aber an sich kein schlechtes Zeichen. Im Allgemeinen wird gesagt, dass gerade zu Beginn eines spirituellen Pfades für eine gewisse Zeit schlechte Karmaresultate besonders schnell hintereinander hochkommen können. Die Dauer ist individuell ganz verschieden. In dieser Zeit kommen nicht nur in der Meditation vergangene Situationen und Erlebnisse hoch, sondern es können sich auch im täglichen Leben karmische Resultate zeigen. Wenn wir von der Lehre schon etwas gelernt haben und wissen, dass es lediglich Ursache und Wirkung gibt, dann werden wir auch leicht damit fertig. Glauben wir aber immer noch, dass irgendjemand Schuld an unseren Schwierigkeiten hat, dann ist das natürlich äußerst unangenehm und kein Ende abzusehen.

Wenn während der Meditation vergangene Situationen und Erlebnisse hochkommen, die tatsächlich stattgefunden haben, so ist das bedeutend einfacher zu handhaben als im täglichen Leben. In der Meditation können wir einfacher erkennen, dass wir selbst die Situation verursacht haben und niemand Schuld daran hat. In dem Fall begeben wir uns nämlich nach innen statt nach außen. Erkennen wir, dass Ursache und Wirkung zusammenhängen, dann können wir den Entschluss fassen, immer wieder gutes Karma zu machen. Das hilft schon etwas über die aufgetauchte Situation hinweg. Betrachten wir diese Situationen und Erlebnisse als Lernsituation und vergeben wir demjenigen, von dem wir glauben, er habe irgendetwas falsch oder schlecht gemacht, vollkommen, in dem Bewusstsein, dass dieser Mensch ja nicht mehr derselbe ist, der er zu jenem Zeitpunkt war, dann eröffnet sich uns ein Weg, damit umzugehen und daraus zu lernen. Im täglichen Leben sind wir meistens so engagiert, dass wir gar nicht dazu kommen, irgendetwas von den Dingen, die in uns hochkommen, zu lernen.

F: Die ersten Minuten der ersten Meditation hier im Kurs waren sehr schön, weil ich spürte, was es heißen kann, Ruhe und Frieden in mir selbst zu finden. Danach ging es bergab, und seit diesem Moment quält es mich. Es ist wie eine Sucht, keine Ruhe finden zu dürfen, gleichzeitig sind Selbstvorwürfe, Widerstände, Schuldgefühle, Schulterschmerzen und Müdigkeit da. Mein Geist fühlt sich an wie eine ausgeleierte Gummischnur, was sehr unangenehm ist. Verzeihen, Geduld haben, gleichzeitig aber auch Disziplin aufbringen sollen, froh sein über das Entdecken der Schwächen, die ich doch schon so lange kenne. Einfach ersetzen scheint mir genauso schwer zu sein, wie zum Beispiel von Zigaretten weg zu kommen. Du sagst immer, dass wir die Wahl haben. Geht es wirklich nur darum, sich zu entschließen und zu üben? Was ist mit der jahrelangen Gewohnheit, sich nicht zu lieben, ständig nach außen zu gehen, es so gelernt zu haben und sich nach anderen zu richten? Das alles quält mich.

A: Das ist alles sehr gut verständlich, aber ich weiß nicht, wieso dich das quälen soll. So ist es eben, dass wir gelernt haben, nach außen zu gehen. Oder wir reden uns ein, uns nach anderen richten zu müssen, das heißt, Anerkennung zu suchen. Wenn wir das erkennen, so ist das ein Riesenschritt. Die meisten Menschen auf diesem kleinen Erdball erkennen das nie. Natürlich haben wir die Wahl und können uns entscheiden. Wir treffen zum Beispiel die Entscheidung, ob wir uns von diesen Dingen quälen lassen oder ob wir sie als Übung verwenden. Denn wieso sollten wir uns von etwas quälen lassen? Wir schauen es uns an und sehen, dass wir üben müssen, was gar nicht so schwierig ist.

Umgang mit Problemen

F: Was mache ich mit Problemen, die immer wieder hochkommen? Ich komme nicht an die Ursachen, und das Etikettieren hilft mir auch nicht. Soll ich eine Therapie machen, anstatt zu meditieren? Was hältst du überhaupt von Therapie? Probleme müssen doch bearbeitet und erledigt werden oder nicht? Kann Meditation Therapie ersetzen oder ergänzen?

A: Meditation kann Therapie zwar weder ersetzen noch ergänzen, aber Therapie kann fraglos die Meditation ergänzen. Sich wiederholende Probleme sind auf Hass und Gier zurückzuführen. Es gibt keinen anderen Grund für Probleme. Beides ist in uns vorhanden. Jedoch bedeutet das nicht, dass wir uns dafür tadeln sollten, denn es sind die menschlichen Schwächen. Wir sollten uns darüber klar werden und uns bewusst machen, dass es närrisch ist, uns selbst unglücklich zu machen. Wenn wir das einmal erkannt haben, dann hören wir im Allgemeinen damit auf, uns selbst unglücklich zu machen. Denn das ist der erste Schritt, den wir tun sollten, um wirklich zu praktizieren. Solange wir diese Probleme immer wieder hochkommen lassen, ohne die Ursachen zu finden oder zu etikettieren, praktizieren wir ja nicht. Wenn wir Probleme nicht an uns heranziehen würden, würden sie ja gar nicht existieren. Probleme sind selbst geschneiderte Reaktionen, die wir auch genauso gut fallen lassen können, wenn wir nur wollen.

Probleme sind außerdem eine schöne Ich-Bestätigung. Das äußert sich dann so, dass wir zum Beispiel denken: „Schau doch nur, welche Probleme ich habe. Und ich kann sie gar nicht loswerden." Aber wir können etwas gegen unsere Probleme tun, indem wir uns selbst gegenüber kompromisslos ehrlich sind. Das ist nicht einfach, aber es gehört zur Praxis auf dem spirituellen Weg.

Resultatdenken

F: Sollten wir denn nicht bei jedem Schritt wissen, wohin es gehen soll? Also an das Resultat oder das Ziel denken?

A: Nein, das müssen wir nicht. Dafür verwende ich das folgende Gleichnis. Wir können uns zum Beispiel einen hohen Berg vorstellen, auf dem ganz reine Luft und eine herrliche Aussicht zu finden sind, sowie Menschen, die diesen hohen Berg erklommen haben und glücklich geworden sind. Deshalb wollen wir auch diesen hohen Berg besteigen und machen uns auf den Weg. Statt auf jeden einzelnen unserer Schritte aufzupassen, richten wir die Augen ständig auf den Gipfel. Was geschieht dann unterwegs? Wahrscheinlich fallen wir dauernd hin. Der Gipfel bleibt da und geht nicht weg, auch wenn er im Nebel verschwinden sollte und wir ihn nicht sehen. Wir wissen noch nicht einmal genau, wie er aussieht. Passen wir aber auf jeden einzelnen unserer Schritte auf und denken nicht an das Ziel, dann besteigen wir Schritt für Schritt diesen Berg, und es besteht keine Gefahr, dass wir stolpern oder in den Abgrund stürzen.

Genauso können wir vollkommen achtsam jeden einzelnen Atemzug oder jede Fußbewegung bei der Gehmeditation beachten. Das ist die Möglichkeit der Konzentration. Denken wir nämlich beim Konzentrieren daran, was dabei herauskommen soll, dann sind wir nicht mehr konzentriert. Wenn wir uns zur Meditation hinsetzen, dann können wir uns vornehmen, dass wir uns konzentrieren wollen, aber das ist es auch schon. Und dann meditieren wir und betrachten zum Beispiel jeden Schritt oder jeden Atemzug. Wenn wir einen Berg nur ein wenig hinaufgeklettert sind, dann haben wir bereits eine ganz andere Sicht. Denn die Vogelperspektive, selbst von einer niedrigen Erhöhung, bringt eine neue Perspektive. Im Tal ist der Horizont ziemlich nah und es sieht alles relativ flach aus. Jeder Schritt, den wir machen, bringt also schon etwas Neues mit sich, aber wir müssen auf das aufpassen, was wir gerade tun. Das bedeutet auch Hingabe. Das Sich-voll-und-ganz-hingeben-Können an das Geschehen bedeutet natürlich auch, dass wir die Ideen, die wir über uns selbst haben, loslassen können, was eine sehr große Hilfe für die Meditation ist.

F: Hast du einen Rat, was ich tun kann, wenn bei mir immer wieder Resultatdenken auftaucht, das teilweise dazu führt, dass der Atemrhythmus beeinflusst wird? Das Ganze ist dann weder locker, noch funktioniert es.
A: Wenn das der Fall ist, dann ist es am besten, die Meditation abzubrechen. Stattdessen solltest du eine Kontemplation beginnen und untersuchen, warum du dich eigentlich selbst unglücklich machst, statt einfach mitzufließen. Wieso lässt du nicht einfach los? Wieso kannst du dich nicht hingeben? Diese Kontemplation kann Frage und Antwort sein, was auch sehr hilfreich ist. Dabei ist die Antwort auf eine dieser oder eine andere Frage eine neue Frage.

Du kannst dir auch einmal vorstellen, ein fließender Bach zu sein. Vielleicht fließt der Atem dann ganz normal. Außerhalb der Meditation fließt der Atem bestimmt ganz normal. Wieso sollte er in der Meditation dann nicht normal fließen? Dazu kannst du dich in einer Kontemplation befragen, was du denn eigentlich willst, und die Antwort als neue Frage verwenden.

F: Voller Elan und Zuversicht machte ich mich ans große spirituelle Werk, immer nach dem Motto: konzentrierter, stiller und tiefer. Lässigkeit und Trägheit zu überwinden, war mir ein Leichtes, denn ich hatte ja schließlich ein hohes Ziel vor Augen. Fleißig und mir meiner Verantwortung stets bewusst, zielte ich also unablässig auf die volle Sammlung, die sich auch tatsächlich hier und da einstellte. Jetzt hat mir meine Achtsamkeit einfach gekündigt. Und mit der schönen Ruhe ist es auch vorbei. Kannst du mir bitte etwas über die rechte Anstrengung sagen?

A: Eine Erläuterung zur rechten Anstrengung ist hier vielleicht nicht angebracht, denn hier gibt es ein großes Missverständnis. Die hohen Ziele bedeuten nämlich Resultatdenken, aber das sollten wir alles vergessen und stattdessen nur machen, ohne hohe Ziele oder ein „großes spirituelles Werk" vor Augen zu haben. Mit Resultatdenken ermüdet der Geist, denn er bekommt nicht das, was er will. Vielleicht hat er sich ausgemalt, was aus der Anstrengung werden könnte. Und dann wird er ganz unglücklich und negativ, weil es so nicht eintritt. Mit Negativität kann er natürlich auch nicht mehr achtsam sein. Wir sollten also das Resultatdenken aufgeben. Das spirituelle Werk ist absolut nicht groß, sondern es ist einzig und allein das, was jeder Mensch machen kann, wenn er will.

Ein Ziel vor Augen zu haben, vergleiche ich immer mit bergsteigen. Wenn wir auf einen Berg steigen wollen, weil auf dem Gipfel die Luft ganz rein, die Aussicht wunderschön und alle Menschen dort glücklich sein sollen, dann beginnen wir, diesen Berg hinaufzusteigen. Wir schauen die ganze Zeit auf den Gipfel und denken immerzu, dass wir dahin wollen. Was verlieren wir jedoch dabei? Die Achtsamkeit auf jeden Schritt und fallen wahrscheinlich sogar hin. Beim Bergsteigen können wir lediglich auf jeden Schritt aufpassen. Wir wissen zwar, wohin wir wollen, aber wir können nur jeden einzelnen Schritt genau beachten. Tun wir das nicht, dann fallen wir nicht nur hin, sondern rutschen auch wieder von dem Berg ab. Und genau das ist hier geschehen: Als die Achtsamkeit gekündigt hat, ist sie nämlich abgerutscht. Den Gipfel können wir sowieso nicht erkennen, weil er in den Wolken ist. Wir haben davon gehört und gehen dann los, weil es eine gute Sache ist. Jeder Schritt bei diesem Berganstieg bringt uns schon etwas weiter weg vom Tal. Sogar ein oder zwei Schritte oder drei oder fünf oder zehn geben uns schon eine ganz andere Sicht als unten im Tal. Dann schauen wir uns um und sehen, wie weit wir schon gegangen sind, und gehen weiter, ohne an das Resultat zu denken. Das „große Werk" des spirituellen Weges besteht darin, dass wir versuchen, zu unserem natürlichen Geist zurückzukehren, der uns allen eigen, vollkommen geläutert ist und Reinheit und Klarheit in sich trägt. Wir können von ihm einen kleinen Geschmack bekommen, wenn wir in der Meditation konzentriert sind, statt zu denken und zu reagieren. Meditation ist die Wissenschaft des Geistes. Jeder Geist kann meditieren, wir müssen es nur tun.

Die hier beschriebenen Fehler geschehen sehr oft und sind auch menschlich, vor allem in unserer westlichen Gesellschaft, in der wir oft beweisen müssen, was wir können. Bei der Meditation jedoch müssen wir gar nichts beweisen. Der Buddha hat auch nicht versucht, etwas zu beweisen, sondern lediglich das zu vermitteln, was er erlebt hat. Wir haben schon unser ganzes Leben lang Resultatdenken geübt. Das äußert sich in diesem starken, unangenehmen Druck, den wir auf uns ausüben, den wir als Stress verspüren und von dem wir glauben, er komme von außen. Die rechte Anstrengung bedeutet in diesem Fall, nichts zu wollen, sondern nur zu machen.

F: Ich habe immer noch Schwierigkeiten zwischen dem festen Entschluss, mich dem Meditationsobjekt hinzuwenden, und dem zu starken Wollen. Entweder verspanne ich mich total während der Meditation, oder mein Geist geht viel spazieren. Kannst du mir noch einen Tipp geben, wie ich den Mittelweg finde?

A: Der feste Entschluss, sich dem Meditationsobjekt hinzuwenden, ist wie ein Anker, den wir auswerfen und an dem wir uns immer wieder orientieren können. Natürlich müssen wir den festen Entschluss auch im Geist loslassen, denn sonst können wir uns nicht vollkommen auf die Konzentration ausrichten. Immer wieder den festen Entschluss als Anker zu verwenden, bedeutet, dass wir immer wieder den festen Entschluss fassen, wenn der Geist spazieren geht, solange, bis es dem Geist endlich einmal klar wird, dass wir es tatsächlich ernst meinen.

Ein zu starkes Wollen ist Resultatdenken, das heißt, dass wir das Resultat wollen, das wir uns vorstellen. Das sollten wir fallen lassen, denn es bringt überhaupt nichts. Dieses Resultatdenken kann sich auch als körperliche Verspannung äußern, wie es hier erwähnt wird, aber wir sollten es sofort loslassen und Körper und Geist entspannen. Wenn wir das Resultatdenken loslassen, dann können wir uns daran erinnern, dass das spirituelle Leben im Prinzip bedeutet, alles loszulassen. Alles, was wir mit uns tragen oder gerne haben möchten, sind nichts anderes als Hindernisse. Deshalb fassen wir immer wieder einen Entschluss, den wir schließlich auch fallen lassen müssen, um uns zu konzentrieren.

F: Wenn ich mich konzentriere, ertappe ich mich manchmal dabei, dass ich die Augenlider zusammenpresse. Wie kann ich mich konzentrieren und dabei entspannt bleiben?
A: Am besten ist es, keine Resultate zu erwarten. Die Verspannungen spüren wir meistens im Körper, weil wir die Geistesverspannungen erst dann wahrnehmen, wenn sie im Körper angekommen sind. Jedes Mal, wenn wir körperliche Verspannungen spüren, sollten wir tief durchatmen, loslassen und wieder von Neuem beginnen. Loslassen ist das Schlüsselwort des spirituellen Weges.

F: Beim Meditieren verspüre ich oft in der Mitte der Stirn einen Druck. Was bedeutet das?

A: Wenn das passiert, besteht im Allgemeinen ein zu starkes Resultatdenken. Du willst dann unbedingt etwas erreichen. Möglichst viele Diplome zu erlangen, was wir in der Welt gewöhnt sind, gibt es beim Meditieren nicht. Der Druck, den wir im Körper verspüren, ist der Druck, den wir auf uns selbst ausüben. Wir nennen das im Allgemeinen Stress und glauben, dass er von außen kommt. Auch resultiert der Druck aus dem Fehlgedanken, dass wir etwas erreichen müssen. Bei der Meditation ist jedoch überhaupt nichts zu erreichen, sondern nur alles loszulassen.

Entschluss- und Willenskraft

F: Beim Meditieren konzentriere ich mich auf den Atem, aber gleichzeitig nehme ich noch tausend andere Dinge wahr, zum Beispiel Gerüche, Geräusche, Wärme, Kälte. Dann beobachte ich mich auch noch selbst, wie ich sitze, atme, diese Dinge wahrnehme und alles gleichzeitig. Wie gehe ich damit um?

A: Erst einmal sollten wir wissen, dass das nicht alles gleichzeitig stattfinden kann. Der Buddha hat gesagt, dass wir 3000 Geistesmomente im Blinken eines Augenlides haben können, die jedoch alle nacheinander ablaufen und nicht gleichzeitig. Meistens haben wir zum Glück keine 3000 Geistesmomente, aber doch sehr viele. In diesem Fall wankt der Geist vom einen zum anderen, vom Geräusch zum Geruch, zur Wärme, zur Kälte, zum Gefühl, zum Körper, zur Sitzstellung, zum Atem und ständig hin und her. Er verhält sich so unruhig wie jeder untrainierte Geist, weil er nun einmal so ist. Um den

Geist zu trainieren, sollten wir zum Beispiel an einem Meditationskurs teilnehmen.

Meditation heißt auf *Pāli Bhāvanā*, was wörtlich übersetzt Geistestraining bedeutet. Wir müssen den Geist trainieren, damit er endlich einmal macht, was wir wollen. Meistens verhält sich der Geist vollkommen diskursiv und ist abhängig von äußeren Einflüssen. Wenn wir eines Tages wirklich in der Lage sein sollten, den Geist so auszurichten, wie wir es gerne wollen, dann könnten wir uns vielleicht vorstellen, dass wir nie mehr unglücklich werden, denn nur ein Narr macht sich freiwillig unglücklich. In diesem Fall macht der Geist, was er will, und interessiert sich für alles, was vor sich geht, weil es ihm zu langweilig ist, sich einfach nur auf den Atem zu konzentrieren. Das ist vollkommen verständlich, denn solange wir noch nicht zur Ruhe gekommen sind, sondern eine gewisse Anstrengung dabei verspüren, uns auf den Atem zu konzentrieren, ist es ja auch langweilig.

Bei der Meditation geht es darum, dass wir den Geist in den Atem fallen lassen. Zum Beispiel können wir uns vorstellen, dass wir ein warmes Bad nehmen wollen, was ja keine große Anstrengung ist. Wir lassen das Wasser einlaufen und uns in die Badewanne sinken, ohne dass wir uns dafür anstrengen müssen. Dann erleben wir die Annehmlichkeit der Beruhigung durch das warme Wasser. Bei der Atembetrachtung ist es genau dasselbe. Auch dafür müssen wir uns überhaupt nicht anstrengen, denn der Atem ist bereits da, ohne dass wir dafür etwas unternehmen müssten. Wir müssen uns nur noch hineinfallen lassen. Tun wir das, dann spüren wir, dass die dadurch entstandene Ruhe im Geist nicht nur angenehm ist, sondern sie uns vielleicht zum ersten Mal im Leben zeigt, was es bedeutet, zur Ruhe zu kommen. Der Geist macht sozusagen endlich einmal Ferien.

Wer geht auf Ferien, wenn wir auf Reisen gehen? Der Körper liegt dann im Liegestuhl und freut sich über die schöne Landschaft. Was macht jedoch der Geist? Er erzählt Geschichten darüber, dass das Essen nicht so gut sei wie erwartet, die Preise zu hoch seien, die Mitreisenden auch nicht genau wie erwartet seien. Weiter überlegt er sich, was man mal unternehmen könne, da es langweilig geworden sei, immer nur im Liegestuhl zu liegen. Der Geist ist die ganze Zeit beschäftigt, und von Ferien kann überhaupt nicht die Rede sein. Er beschäftigt sich lediglich mit anderen Dingen als sonst im Alltag. Wir sollten uns einmal darüber klar werden, was wir eigentlich wollen. Wenn wir uns bei der Meditation konzentrieren wollen, dann sollten wir uns zur Meditation hinsetzen und den Entschluss fassen, dass wir uns konzentrieren möchten. Das ist der Anfang, und als nächster Schritt folgt die Willenskraft. Der Entschluss ist sozusagen das Ankurbeln, und die Willenskraft das Auf-das-Pedal-Treten und losfahren. Willenskraft darf jedoch natürlich nicht mit Resultatdenken verwechselt werden, denn das ist etwas ganz anderes. Mit dem Entschluss nehmen wir uns etwas zu tun vor, und mit der Willenskraft führen wir es durch. Wenn wir zum Beispiel den Entschluss fassen, morgens um fünf Uhr aufzustehen, dann brauchen wir noch die Willenskraft, um es tatsächlich umzusetzen.

Die Willenskraft ist eine der sieben Erleuchtungsfaktoren, ohne die überhaupt nichts geht. Sie ist auch gleichbedeutend mit Selbstdisziplin. Nichts davon bedeutet Resultatdenken, das sowohl bei der Meditation als auch im täglichen Leben das größte Hindernis ist. Denken wir nämlich an die Resultate, die wir gerne hätten, können wir uns nicht auf unser Tun konzentrieren. Was machen wir bei der Meditation? Wir lassen den Geist in den Atem fallen. Was daraus wird, müssen wir erleben. Fassen wir jedoch keinen Entschluss, sondern setzen uns einfach hin und lassen alles über uns ergehen, dann bräuchten wir uns im Prinzip überhaupt nicht hinzusetzen zur Meditation. Denn den Geist auf Geräusche, Gerüche, Wärme, Kälte oder Körperempfindungen zu richten, können wir ebenso im Alltag machen. Dazu brauchen wir nicht zu meditieren. Das ist weder interessant genug, noch bringt es Ruhe oder Einsicht.

Es gibt sowohl für die Meditation als auch überhaupt für jegliches spirituelle Wachstum nur ein Schlüsselwort, und das heißt: loslassen. Wenn wir einen Entschluss gefasst und die Willenskraft haben, diesen Entschluss auch durchzuführen, dann müssen wir natürlich all das loslassen und uns nur hingeben, denn ohne Hingabe funktioniert keine Meditation. Und wer sich nicht hingeben kann, kann nicht meditieren. Hingabe bedeutet, dass wir uns dem Geschehen vollkommen hingeben und uns keine Gedanken darüber machen, was daraus werden könnte oder wie wir es gerne hätten oder wie es doch auch anders sein könnte.

Hingabe bedeutet auch Liebe. Das heißt, dass wir die Meditation, auch wenn sie noch so unkonzentriert ist, lieben müssen. Wer das nicht kann, kann auch nicht meditieren. Denn wir können nur wirklich den

Entschluss und die Willenskraft dafür hochbringen und immer wieder tun, was wir lieben. Alles andere bedeutet Schwierigkeiten, mit anderen Worten *Dukkha*. Die Meditation ist jedoch nicht als *Dukkha* gedacht, sondern dazu, dass unsere Bewusstseinsebenen sich auf eine andere Wellenlänge begeben, wo wir neue Erlebnisse haben, die uns sonst im Alltag vollkommen verschlossen bleiben. Deshalb müssen wir uns auch hingeben können, ohne Resultate zu erwarten, und uns der Sache wirklich mit Herz und Geist so widmen, dass alles andere nicht mehr interessant ist.

Die Hingabe stört am meisten das Hindernis des skeptischen Zweifels, der besagt, dass es vielleicht doch nicht richtig sein könnte. Wenn wir diesen Zweifel in uns tragen, dann müssen wir damit leben, statt zu meditieren, denn damit ist die Meditation blockiert. Hingabe bedeutet auch Vertrauen. Ein Kind, das die Hand der Mutter nimmt, damit sie es über die belebte Straße führen kann, hat keinen Zweifel daran, dass es die Mutter sicher über die Straße bringt. Das Kind hält sich an der Hand der Mutter fest und geht. Wenn es Zweifel hat und sich losreißt, dann passiert ein Unfall. In der Meditation kommen ständig Unfälle vor. Wir können uns einmal prüfen, ob wir – wie ein Kind – vertrauensvoll die Hand des Buddha in Form seiner Anweisungen ergreifen und uns hingeben können. Es ist alles ganz freiwillig und jedem selbst überlassen, wie weit er sich der Buddhalehre hingeben will.

F: Ist es denn nicht ein Widerspruch in sich, wenn ich meinen ganzen Willen darauf richte, zum Beispiel meine

Gedanken loszulassen? Mir geht es jedenfalls so, dass die Gedanken umso hartnäckiger kommen, je mehr ich will, dass sie aufhören.

A: Das stimmt ohne Frage. Jedoch ist hier wieder die Präzision der Sprache total verloren gegangen. Willenskraft ist nicht wollen. Wollen ist Resultatdenken und kann nicht funktionieren. Wenn wir nämlich unbedingt unsere Gedanken loswerden wollen, woran denken wir denn dann? Wir denken daran, unsere Gedanken loszuwerden, aber nicht daran, uns zu konzentrieren. Wir sollten die Sprache so benutzen, dass wir die unterschiedlichen Bedeutungen der Worte verstehen. Willenskraft ist die Ausführung des Entschlusses oder der Absicht. Wir sagen zum Beispiel: „Der Weg zur Hölle ist mit guten Absichten gepflastert." Wieso? Weil die Absicht gut war, aber die Willenskraft gefehlt hat, sie auch durchzuführen. Wenn wir jedoch etwas mit Wollen betreiben, dann wollen wir Resultate haben. Wenn wir uns also dazu entscheiden, uns hinzusetzen und zu meditieren, dann müssen wir das auch mit Willenskraft durchführen. Wenn wir uns dazu entscheiden, uns zu konzentrieren, denn das ist es ja, worauf es in der Meditation ankommt, dann müssen wir das mit Willenskraft durchführen, anstatt irgendetwas zu wollen. Es ist ganz wichtig, den Unterschied in uns selbst kennen zu lernen, denn nur dann kann uns die Sprache helfen. Wenn die Sprache nicht präzise benutzt wird, so bedeutet das, dass wir uns selbst nicht erkannt haben. Etwas wollen hat mit einer Mangelerscheinung statt mit Willenskraft zu tun. Diese Mangelerscheinung bringt dann den Wunsch und die Begierde hervor, dass wir sie loswerden möchten. Das ist jedoch reines *Dukkha*.

Die Willenskraft, ohne die wir nicht meditieren können, müssen wir effektiv üben.

F: Manchmal gelingt es mir mit der Konzentration. Ist das Gnade? Es kommt mir nämlich wie ein Geschenk vor.

A: Beides würde sich dann wahrscheinlich mehr wie ein Glücksfall manifestieren, aber Meditation ist kein glücklicher Zufall sondern Übung. Wenn sie nur ein Geschenk wäre, das da mal kommt, weil Gnade geschehen ist, dann hätten wir ja wohl keinen Einfluss darauf. Dann müssten wir einen ganzen Meditationskurs durchsitzen und könnten uns vielleicht nie konzentrieren. Glücklicherweise liegt es an der eigenen Konzentration, wofür wir Entschluss- und Willenskraft benötigen. Wenn sich die Konzentration wie ein Geschenk anfühlt, so ist das kein Fehler, aber es genügt nicht. Wir tragen selbst die Verantwortung dafür, ob wir uns konzentrieren können oder nicht. Die Selbstverantwortung ist übrigens das Herrliche an der Buddhalehre. Wem sie nicht gefällt, dem gefällt auch meistens die Buddhalehre nicht.

Zweifel

F: Seit Neuem machen mir Zweifel in der Meditation zu schaffen. Sie äußern sich so, dass ich glaube, mir alles nur eingebildet zu haben. Wenn ich es ausführen will, merke ich, dass es Quatsch ist. Doch hindern mich die Zweifel an der Hingabe. Kannst du dazu vielleicht einen Tipp geben?

A: Wenn ich das richtig verstehe, so bestehen Zweifel an

der Meditation in der Art, dass du dir die Meditation nur eingebildet hast. Aber das Erleben der Meditation ist ja ein Gefühl, und Gefühle können wir uns nicht einbilden. In dem Fall zweifelst du wahrscheinlich an deinen Fähigkeiten. Dazu kann ich nur empfehlen, die Meditation mit Liebender-Güte für dich selbst und mit Anerkennung für die eigenen Fähigkeiten sowie für alles, was du im Leben Gutes getan hast, zu beginnen. Dazu kann auch gehören, dass du dankbar dafür bist, meditieren zu können. Das sind alles nur Vorschläge, und jeder kann sich selbst ausdenken, was für ihn günstig und hilfreich ist. Dankbarkeit ist auch Liebende-Güte. Zu Beginn der Meditation wollen wir uns mit der Liebenden-Güte-Meditation für uns selbst oder mit der Dankbarkeit ein Gefühl des Erhobenseins verschaffen. In dem Moment haben nämlich Zweifel keinen Platz mehr, weil Gefühle der Liebe, der Zuneigung, des Anerkennens für uns selbst sowie Dankbarkeit für den spirituellen Weg vorhanden sind. Dann können wir uns natürlich viel einfacher hingeben, denn auch für die Liebende-Güte müssen wir uns hingeben. Zu Beginn jeder Meditation üben wir also erst einmal Liebende-Güte-Meditation für uns selbst, um dadurch unsere Negativitäten fallen zu lassen.

Angst in der Meditation

F: In der Meditation komme ich sehr häufig nur bis zu einem gewissen Punkt. Es ist, als ob ich hinter einer Mauer Licht sehen würde. Will ich über die Mauer schauen, dann hält mich eine Hand fest. Das ist wohl Angst, die mich zurückhält. Manchmal höre ich dazu etwas wie einen Angstschrei. Wie schaffe ich den Blick und den Sprung über die Mauer? Und wie kann ich diese Kralle aus Angst lockern und loswerden?

A: Da du dies schon als Angst erkennst, musst du nicht erst untersuchen, worin eigentlich der Hemmschuh besteht. Was du hier jedoch untersuchen kannst und was auch hilfreich sein kann, ist die Frage, wieso und wovor du Angst hast. Wenn wir diese Fragen wahrheitsgetreu untersuchen und erkennen, dann wird uns schnell bewusst werden, dass wir davor Angst haben, die Ich-Behauptung loszulassen. Denn diese müssen wir bis zu einem gewissen Grad loslassen, wenn wir uns in die Konzentration fallen lassen wollen. Wir müssen also erkennen, was die Ursache für die Angst ist. Wenn wir die Ursache herausgefunden haben, dann können wir vielleicht einen stärkeren Entschluss fassen, uns von der Ich-Illusion zeitweilig zu lösen. Nach der Meditation kommt sie garantiert in voller Kraft wieder zurück. Von daher brauchen wir keine Angst davor zu haben, dass sie wegbleiben könnte. Denn es gehört mehr dazu, die Ich-Illusion aufzulösen, als sich nur zu konzentrieren. Wenn bei der Untersuchung der Angst erst einmal als Antwort kommt, dass wir Angst vor dem Neuen oder vor dem Unbekannten haben, so sind das ja auch hilfreiche Einsichten. Denn je mehr Einsichten kommen, desto besser können wir die Ängste loslassen. Jede Antwort stellt wieder eine neue Frage dar. So fragen wir uns, wieso wir Angst vor dem Unbekannten haben und was uns da passieren könnte. Es ist schon eine gute Einsicht zu wissen, was uns von der Konzentration abhält.

Ablenkung

F: Bei der Meditation hängt mein Geist jedem Geräusch nach. Wie kann ich diese Ablenkung verringern?

A: Dazu kann ich sagen, dass der Geist im Allgemeinen die Ablenkung sucht. Ist er jedoch nicht in der Lage, schöne Fantasie-Geschichten hervorzubringen, dann nimmt er die Geräusche wahr, um sich abzulenken. Irgendetwas können wir nämlich immer finden. Im Prinzip handelt es sich darum, dass der Geist nicht gewöhnt ist, nach innen zu gehen, sondern immer nur nach außen. Nachdem wir jahrelang immer nach außen gegangen sind, ist es kaum zu erwarten, dass wir nach einem Tag Nach-innen-Gehen beim Meditationskurs das bereits ohne Ablenkung können. Nach mehreren Tagen können wir eventuell schon besser nach innen gehen. Haben wir jedoch zu Hause wirklich praktiziert, dann können wir sogar auf Anhieb nach innen gehen. Jedoch praktizieren nur wenige Menschen zu Hause Meditation. Wir benötigen Zeit und Geduld dafür und sollten keine Erwartungen hegen. Deshalb ist es gar nicht verwunderlich, wenn sich der Geist mit Geräuschen beschäftigt, denn er braucht ja irgendetwas und muss irgendwo hin. Das können wir als Lernsituation verwenden. Diese Situation ist sogar günstiger als ein Geist, der schöne Geschichten erzählt, denn daran haften die meisten an und wollen unbedingt diese Geschichten weiterverfolgen. Die Ablenkung durch Geräusche ist dagegen nicht so interessant, weil die Geräusche meistens ja nicht sehr angenehm sind. Zum Beispiel wird da gehustet, die Lüftungsanlage bläst oder jemand rutscht hin und her, was alles nicht angenehm und auch nicht zu vergleichen ist mit den Fantasien, die wir uns ausdenken können.

Deshalb ist die Ablenkung durch Geräusche als Lernsituation sehr günstig. Dazu können wir feststellen, dass das Ohr nur das Geräusch hört, der Geist es aber gleich verarbeitet und sich sagt: „Husten, das ist ja schrecklich", und: „Vielleicht sollte ich demjenigen ein paar Hustenbonbons besorgen." Oder beim Hin- und Herrutschen hört das Ohr auch nur ein Geräusch, der Geist sagt sich jedoch beispielsweise: „Der sitzt aber wirklich nicht gut", und: „Vielleicht sollte ich dem einmal etwas sagen." Und darauf folgt oft noch eine lange Geschichte, aber in Wirklichkeit kann das Ohr nur Geräusche hören. Daraus können wir lernen, dass wir für jeden Sinneskontakt die Verarbeitung des Geistes brauchen. Und diese hängt ganz von unserer Einstellung und Reaktion ab.

Zum Beispiel könnte es sein, dass das Ohr hört, wie jemand hin- und herrutscht, worauf sich ein Gefühl des Mitgefühls einstellt. Der Geist sagt sich in dem Fall vielleicht: „Der hat sicher Schmerzen." Die Reaktion kann aber auch anders aussehen, und der Geist könnte sich sagen: „Der kann aber auch gar nicht ruhig sitzen!" Nachdem wir festgestellt haben, wie unser Geist funktioniert, können wir noch etwas anderes daraus lernen, indem wir einmal versuchen, im Geist gar nichts außer „Geräusch" zu sagen. Das ist zwar nicht einfach, aber sehr hilfreich. Können wir nämlich nur Geräusch in uns aufnehmen, ohne dabei überhaupt an Husten, hin- und herrutschen oder Lüftungsanlage zu denken, dann sind wir effektiv einmal beim Sinneskontakt geblieben und brauchen uns über die daraus entstehenden Gefühle und

Reaktionen darauf überhaupt keine Gedanken zu machen. Es ist einfach der Sinneskontakt des Hörens ohne jegliche Erklärung. Lernen wir das in der Meditation, dann können wir auch im täglichen Leben öfter ohne Reaktionen auskommen.

Jedoch bedeutet das nicht unterdrücken, was ich betonen möchte, weil dazu immer wieder Befürchtungen hochkommen. Der Geist hört einfach da auf, wo der Sinneskontakt endet, nämlich beim Geräusch. Das Ohr hat keine Ahnung, ob jemand hustet. Der Geist benennt das Geräusch mit Husten, weil er weiß, dass sich Husten so anhört. Haben wir das einige Male durchgeführt, dann wird es dem Geist langweilig und er kümmert sich vielleicht wieder mehr um den Atem. Vielleicht können wir daraus auch erkennen, dass alles, was wir als störend betrachten, als Lernsituation zu verwenden ist. Wir müssen nur wissen, wie es geht.

Freude in der Meditation

F: Wenn ich über die Atembetrachtung zur Freude komme, dann tauchen oft Sätze auf wie: „Du darfst keine Freude empfinden, die sich so anfühlt wie Wonne oder Lust." Wie genau darf sich die Freude anfühlen?

A: In der buddhistischen Lehre darf sich die Freude auch wie Wonne oder Lust anfühlen. Es gibt weder ein Verbot noch die Erlaubnis für Freude. Freude, Wonne oder Lust sind äußerst angenehme Körperempfindungen und deuten auf die erste meditative Vertiefung hin. Dieses Empfinden bringt den Geist in viel tiefere und bedeutsamere Meditationsstufen. Die Freude selbst ist dann erst die nächste Stufe bei der Meditation und eine reine Emotion, die sich auf verschiedene Weisen ausdrücken kann. Wichtig ist dabei, die Freude auch wieder loslassen zu können, um zum nächsten Schritt gehen zu können.

Motivation für die Meditation

F: Ist es sinnvoll, die Verzückung als Motivation zu neuem Hinsetzen zu nehmen? Wenn nein, womit kann ich mich sonst motivieren, da es sich ja um einen sehr erstrebenswerten Zustand handelt?

A: Jeder, der zumindest die erste meditative Vertiefung kann, setzt sich hoffentlich immer wieder hin. Das heißt also, dass die meditativen Vertiefungen eine starke Motivation sind. Das funktioniert jedoch nicht bei jedem, aber es zündet immer noch besser als ohne das Erleben der meditativen Vertiefungen. Aber es darf auf keinen Fall in Resultatdenken oder Leistungsdruck ausarten, denn dann kommt überhaupt nichts dabei heraus. Als Motivation kann es schon dienen zu wissen, dass Meditation Ruhe und Einsicht bringt und wir uns aus diesem Grund konzentrieren wollen.

Prioritäten im Leben

F: Ist Meditation das einzige Mittel zum Zweck, zur Einsicht zu kommen, sein Leben zu ändern und den Läuterungsprozess zu beginnen? Es gibt doch viele Menschen, die durch Leid und Schicksalsschläge oder andere Erfahrungen ihr bisher nach außen gerichtetes Leben nach innen lenken.

A: Davon können wir vor allem in den Berichten über Nah-Tod-Erlebnisse lesen, nach denen die meisten Menschen ihr Leben nach innen lenken. Aber nicht nur das, sondern diese Menschen haben auch erkannt, dass es am wichtigsten ist, anderen gegenüber liebevoll und hilfreich zu sein. Auch Schicksalsschläge oder Leid können ein Anfang dafür sein, dass wir unser Leben anders gestalten, weil sich unsere Prioritäten verschoben haben. Ich betone immer wieder, dass wir auf unsere Prioritäten achten sollten. Wenn wir jedoch unseren Tagesablauf nicht danach ausrichten, dann haben wir sowieso nicht aufgepasst und nichts gelernt. Und nur wenige Menschen ändern ihr Leben grundlegend. Wir brauchen jedoch die Meditation, um andere Bewusstseinsebenen zu erleben, durch die wir zu wirklicher Einsicht gelangen können.

Licht bei der Meditation

F: Während der Meditation taucht ein sanftes Licht in meinem Herzraum auf, begleitet von Freude und liebevollen Gefühlen. Das Licht breitet sich aus, ist zuweilen auch am dritten Auge, zuweilen nicht lokalisierbar als Präsenz. Das alles ist weit attraktiver, als den Atem zu zählen. Wie gehe ich damit um? Soll ich es ignorieren und weiter beim Atem bleiben oder soll ich dem Licht und der Freude folgen?

A: Das Licht ist nur ein Hinweis und kein Meditationsobjekt. Es ist wie eine Verkehrsampel und bedeutet, dass die Konzentration gekommen ist. Aber es erscheint nicht bei jedem, der sich konzentriert. Mal kommt es nur ganz kurz und mal etwas länger. Die Freude und das liebevolle Gefühl sind die zweite meditative Vertiefung. Die erste meditative Vertiefung, die hier nicht angesprochen wurde, aber immer der zweiten vorausgeht, ist ein entzückendes Empfinden im Körper. Die Freude und das liebevolle Gefühl sind das Meditationsobjekt in der zweiten meditativen Vertiefung. Auch die erste meditative Vertiefung sollte beachtet werden, jedoch müssen wir nicht sehr lange in ihr verweilen. Wenn wir die meditativen Vertiefungen erlernen, so ist es ganz wichtig, dass wir alle lernen.

Wenn wir – wie in diesem Fall – die Freude und das liebevolle Gefühl als Meditationsobjekt haben und darauf eine Weile bleiben können, ohne dass der Geist abschweift, dann sollten wir am Ende nach diesem Erleben unbedingt die folgenden drei Schritte machen. Beim ersten Schritt rekapitulieren wir, wie wir dorthin gekommen sind und wie wir die Meditation durchgeführt haben, um zu diesem sehr angenehmen Resultat der meditativen Vertiefung zu gelangen. Das ist bedeutend attraktiver, als immerzu den Atem zu zählen oder zu beobachten. Wir befragen uns also, was wir gemacht haben, um dorthin zu kommen. Haben wir Liebende-Güte-Meditation geübt? Haben wir uns einfach nur anders hingesetzt? Haben wir Achtsamkeit praktiziert? Haben wir ein freudiges Gefühl in unserem Herzen hochgebracht? Was hat uns geholfen? Auf die Art werden wir uns über den Weg, der uns dorthin führt, klar, sodass wir immer wieder dorthin können.

Beim zweiten Schritt erkennen wir, dass auch dieses angenehme Gefühl der zweiten meditativen Vertiefung vergänglich ist und zu Ende geht. Beim dritten Schritt fragen wir uns, was wir daraus lernen. Denn alle meditativen Vertiefungen dienen dem Lernen; sie sind sozusagen Mittel zum Zweck und kein Zweck an sich. Selbstverständlich erleichtern sie uns die ganzen spirituellen Übungen in jeder Beziehung, aber sie müssen auch Einsicht bringen.

Hingabe

F: Kann Hingabe erklärt werden, oder ist sie unerklärlich so wie das In-die-Mango-Beißen?

A: Hingabe kann ich schon erklären, ebenso wie das In-die-Mango-Beißen, aber dann weißt du trotzdem nicht, wie sie schmeckt. Und bei Hingabe weißt du nicht, wie sie sich anfühlt, bis du sie erlebst. Hingabe ist ein Verschmelzen mit dem, dem wir uns hingeben, sowie ein Aufgeben von Barrikaden oder Blockaden, ein vollkommenes Eingehen in das, dem wir uns hingeben. Manchmal vergleiche ich sie mit einem warmen Teich, in den wir hineingehen, die Wärme des Wassers erleben und uns ganz dem warmen Wasser hingeben. Das können wir natürlich auch in einer Badewanne erleben. Hingabe ist das totale Aufgeben jeglicher Härte sowie eine Weichheit, die nichts mehr verlangt, sondern sich selbst gibt.

F: Du hast gesagt, dass Meditation Hingabe sei. Hat Hingabe auch etwas mit Tod zu tun?

A: Ja, Hingabe ist sozusagen ein kleiner Tod der Ich-Behauptung. Wenn die Ich-Illusion vollkommen verloren gegangen ist, dann brauchen wir uns gar nicht mehr hinzugeben, weil dann niemand mehr da ist, der sich hingeben könnte. Dann ist dieser Mensch in der Gegenwart und mit allem verbunden, was in jeder Sekunde geschieht. Hingabe ist also ein kleiner Tod des Ichs. Wir geben uns dem hin, wie die Dinge wirklich sind.

F: Heißt Hingabe, dass ich es gerne tue?
A: Nein, das heißt es nicht. Das Wort „Hingabe" bezeugt ganz deutlich, was damit gemeint ist: geben, sich selbst geben, sich hingeben. Es bedeutet nicht, dass wir es gerne tun. Jedoch sollten wir es gerne tun, denn sonst können wir uns nicht hingeben. Hingabe ist ein Verschenken, und im Fall der Meditation ist es vor allen Dingen die Fähigkeit, einmal kurzfristig ohne die Ich-Bestätigung auszukommen. Wenn wir nicht denken, haben wir nämlich keine Ich-Bestätigung. Daher kommt es oft vor, dass jemand sogar Angst davor hat, mit dem Denken aufzuhören, ohne dass es diesem Menschen bewusst ist. Das ist die Angst vor der fehlenden Ich-Bestätigung. Jedoch gibt es kein größeres Glück und keinen anderen Weg zum inneren Frieden, als einmal zu erleben, wie es ohne die Ich-Bestätigung ist. Dann ist wirklich Ruhe da.

Hingabe bedeutet also, sich zu verschenken und sich hinzugeben. Um das zu tun, muss das Ich etwas zur Seite treten. Wenn das Ich dann einmal ganz zur Seite getreten ist, brauchen wir uns gar nicht mehr hinzugeben, denn dann sind wir sowieso jedem Moment, jeder Situation und den positiven Gefühlen hingegeben. Haben wir aber noch nicht das Ich losgelassen, dann müssen wir natürlich Hingabe üben. Das bedeutet, dass das Ich einmal kurzfristig nicht im Mittelpunkt steht. Das ist auf jeden Fall ein interessantes Erlebnis.

F: Die Hingabe ist mir bei der Meditation mit dem Atem nicht ganz möglich. Brauche ich nicht die Gedanken, sozusagen das Denken als Halt? Sonst habe ich das Gefühl, verloren zu gehen.

A: Das ist eine ganz wichtige Frage sowie ein bedeutender Punkt bei der Meditation. Denn allein das zu erkennen, ist schon ein Schritt der Einsicht. Und aus dem Grund wird natürlich andauernd gedacht bei der Meditation. Wieso? Weil wir Halt suchen. Halt woran? Am Ich. Und wer oder was ist dieses Ich? Es besteht aus Gedanken und Gefühlen, die sich ständig verändern. Diese Suche nach Halt ist genau der Punkt, an dem die Meditation so schwierig wird, weil wir nicht loslassen wollen. Die einzige Möglichkeit, wirklich meditieren zu lernen, besteht darin, alles loszulassen, was im Geist herumspukt. Es ist sehr gut erkannt, dass das Denken als Halt benutzt wird, um sich festzuhalten. Das ist ja gerade das Problem. Was wollen wir denn festhalten? Dabei machen wir oft einen großen Denkfehler, indem wir beispielsweise denken: „In meinem Leben habe ich bis jetzt all diese Dinge getan", und dann zählen wir vielleicht auf, was wir schon alles gemacht haben und sind ganz zufrieden damit. Dann denken wir weiter: „Aber jetzt möchte ich ergänzend zu allem anderen noch die Meditation erlernen. Dann wird es mir wahrscheinlich noch besser gehen." Wir möchten also etwas bekommen, nämlich eine gute Meditation. Leider funktioniert das nicht, obwohl es ein vollkommen natürlicher Gedankengang ist. Bei der Meditation können wir nichts bekommen, sondern wir müssen alles loslassen.

Wir tragen einen Schatz des inneren Glücks, der

inneren Freude, des inneren Friedens in uns, den wir durch die Meditation erreichen können, aber nur, wenn wir allen Unrat, der das innere Glück, die innere Freude und den inneren Frieden verdeckt, loslassen. Dieser Unrat besteht aus Gedanken, aus Festhalten-Wollen, aus Dasein-Wollen, aus Haben-Wollen. All das Alte funktioniert jedoch bei der Meditation nicht. Um diese innere, wunderbare, vollkommene Reinheit, die wir alle in uns tragen, in der Meditation finden zu können, muss zu der Zeit alles andere beiseitetreten, vor allem das Denken. Das ist deshalb so schwierig, weil wir glauben, dass das Denken und unsere Emotionen uns irgendeinen Halt im Leben bieten. Vielleicht können wir diese Schwierigkeit durch einen logischen Gedankengang bereinigen, indem wir uns klar darüber werden, dass wir mit all den Gedanken und mit all den Gefühlen, die wir in den letzten Jahrzehnten schon gedacht und gefühlt haben, dennoch nicht das innere Glück sowie den inneren Frieden gefunden haben. Wird uns das klar, dann können wir vielleicht etwas leichter loslassen. All das, womit wir uns im täglichen Leben und in der Welt beschäftigen, nützt uns bei der Meditation überhaupt nichts. Dabei hilft uns nur die Hingabe an das, was ist, an diesen einen Atemzug in der Meditation.

Unterschied zwischen Ruhe und Einsicht

F: Ist das Üben in den meditativen Vertiefungen Voraussetzung für die Kontemplation? Oder welcher innere Zusammenhang besteht zwischen diesen beiden Methoden?

A: Der Zusammenhang, der zwischen diesen beiden Methoden besteht, ist Ruhe und Einsicht. Die meditativen Vertiefungen sind Ruhe, auf *Pāli Samatha* oder *Samādhi*, und die Kontemplation ist Einsicht. Das sind die beiden einzigen Richtungen der Meditation. Es gibt viele verschiedene Meditationsmethoden, wovon die meisten traditionell sind. Natürlich können wir auch andere Methoden ausprobieren, aber sie müssen entweder zur totalen Ruhe, das heißt zu den meditativen Vertiefungen, oder aber zur Einsicht führen. Einsicht bedeutet, entweder *Anicca*, *Dukkha* oder *Anattā*, das heißt Vergänglichkeit, Unerfülltheit oder Substanzlosigkeit, zu erkennen. Dass alles vergänglich ist, wird wohl niemand bestreiten, aber inwieweit wir die Vergänglichkeit effektiv spüren und sie in alles mit einbeziehen, was wir denken und empfinden, worauf wir reagieren und agieren, hängt davon ab, wie ruhig unser Geist schon geworden ist. Wir können das mit einem Ozean vergleichen, in dem die Wellen hochschlagen. Befinden wir uns in dem Ozean unter diesen hochschlagenden Wellen, so sehen wir nichts anderes mehr als das Wasser der Wellen. Wenn sich der Ozean beruhigt und sich der Wasserspiegel glättet, dann können wir durch die Wasseroberfläche hindurch bis auf den Grund schauen und dort Sand, Korallen, Fische und Wasserpflanzen erkennen. Dasselbe gilt bei uns, wenn Gedanken und Gefühle in uns so hochschlagen, dass wir nichts anderes mehr sehen, dann können wir auch nicht bis zum Grund schauen. Sobald sich die Gedanken und Gefühle etwas beruhigen, können wir tiefer schauen. Wenn sie sich ganz beruhigt haben, können wir den Grund wahrnehmen. Deshalb wird im Allgemeinen die

Ruhemeditation zuerst geübt, damit der Geist Einsicht und tiefere Perspektiven bekommen kann, um auf den Grund zu schauen und zu erkennen, was tatsächlich in uns vorgeht.

Jeder, der schon länger übt, weiß, dass wir im Laufe der Zeit auf einmal wissen, woher die Probleme kommen, wenn wir uns das eigene Denken anschauen. Oder aber wir untersuchen unsere Handlungen und wissen auf einmal, dass wir Dinge tun, um unserem *Dukkha* zu entrinnen. Dabei haben wir uns unsere Handlungen sowie das *Dukkha* schon jahrelang angeschaut. Je ruhiger aber der Geist wird, desto tiefer geht die Einsicht. Besonders hier im Westen ist der Geist meistens geschult zu analysieren, zu denken und nicht zur Ruhe zu kommen. Sollte uns die Ruhemeditation schwer fallen, dann können wir uns erst einmal mit Einsicht beschäftigen und die Ruhemeditation immer wieder probieren, denn etwas Einsicht bringt etwas Ruhe, und etwas Ruhe bringt etwas Einsicht. Je ruhiger wir werden, desto leichter fällt es uns. Im Prinzip üben wir beides. Wenn wir versuchen, die Achtsamkeit auf dem Atem zu belassen, den Atem zu erleben, so wollen wir zur Ruhe kommen, nicht denken, sondern erleben. Etikettieren wir die abschweifenden Gedanken, dann praktizieren wir Einsicht. Kontemplation bedeutet ebenfalls Einsicht. Der wirkliche Praxisweg beinhaltet immer beide Ebenen, das heißt, die meditativen Vertiefungen sind nicht eine Voraussetzung für die Kontemplation, sondern für ein vertieftes Verständnis und Erkennen.

F: Ich merke, dass mir der Unterschied zwischen der Liebenden-Güte-Meditation und der Liebenden-Güte-

Kontemplation nicht klar ist. Sie laufen bei mir inhaltlich ähnlich ab. Und wie verhält es sich bei Mitgefühl, Mitfreude und Gleichmut? Sind das auch Meditationen oder nur Kontemplationen? Bitte präzisiere den Unterschied noch einmal.

A: Bei der Liebenden-Güte-Meditation versuchen wir, das Gefühl in uns hochzubringen, das dann sozusagen das Meditationsobjekt ist. Dazu benutzen wir Bilder oder Worte, die das Gefühl vielleicht hervorbringen können. Wir sollten diejenigen Bilder und Worte, mit denen uns das am besten gelingt, immer wieder verwenden. Es handelt sich dabei um Gefühle der Herzenswärme, der Erweiterung, des Umarmens, des Einsseins, des Sich-Hingebens. Alle diese Arten an Gefühlen werden bei der Liebenden-Güte-Meditation angesprochen. Sollten diese Gefühlsarten noch nicht hochkommen, so ist auf jeden Fall der Denkprozess ein hilfreiches Mittel. Wiederholen wir das immer wieder, dann kommen die Gefühle eines Tages hoch. Denn wo die Gedanken hingehen, folgen auch die Gefühle. Das kann schnell gehen oder auch eine Weile dauern.

Bei der Liebenden-Güte-Kontemplation geht es darum, uns selbst mit den folgenden Sätzen[*] zu erforschen: „Möge ich frei sein von Feindseligkeiten. Möge ich keine Lebewesen verletzen. Möge ich frei sein von geistigen und körperlichen Schwierigkeiten. Möge ich in der Lage sein, mein eigenes Glück zu beschützen." Dasselbe wünschen wir dann auch anderen. In der Kontemplation untersuchen wir, ob wir Feindseligkeiten in uns tragen, bei wel-

---

[*] Siehe Kapitel V, Abschnitt 2, Seite 208.

chen Gelegenheiten wir sie haben und ob wir sie ersetzen können. Weiterhin können wir uns fragen, wie es sich anfühlt, wenn wir Feindseligkeiten in uns haben, und ob sie uns zum Heil oder zum Unheil gereichen. Es ist ein Erforschen von uns selbst, wodurch wir verstehen und erkennen können, wann und was wir ersetzen sollten. Bei der letzten Aussage zum Beispiel untersuchen wir, was unser Glück bedeutet, und fragen uns, ob wir dafür von irgendjemand oder irgendetwas abhängig sind oder ob wir unser Glück in uns selbst finden können. Ist es ein abhängiges Glück, dann wird es uns wohl selbst bewusst werden, dass das kein reines Glück sein kann, und wir bemühen uns vielleicht, unabhängiger zu werden. Diese Untersuchungen finden nicht auf der Ebene der Liebenden-Güte-Meditation statt, sondern auf der Ebene der Kontemplation. Sie sollen uns unseren Gedanken- und Gefühlsmustern näher bringen.

II
Ruhe: meditative Vertiefungen

F: Ich fühle ein weites, geöffnetes Herz, das mit Liebe und Dankbarkeit angefüllt ist. Manchmal verschwindet der Körper auch ganz, und ein Gefühl von Leichtigkeit und Schwerelosigkeit tritt auf.

A: Leichtigkeit und Schwerelosigkeit sind körperliche Phänomene der ersten meditativen Vertiefung, in der wir die Achtsamkeit nicht auf den Körper lenken, sondern auf das Empfinden. Alles, was mit dieser Art Körperempfindung zu tun hat, ist die erste meditative Vertiefung. Sie ist die Gröbste der meditativen Vertiefungen, da es sich um Körperempfindungen handelt. Jedoch ist sie auch der Zugang zu allen anderen meditativen Vertiefungen. Mit Entschluss- und Willenskraft zur Konzentration ist dieses Erleben jedem möglich. Auch gehört Hingabe, die mit Vertrauen gepaart ist, dazu, aber Entschluss- und Willenskraft sind unumgänglich nötig. Wenn wir nur so nebenbei und oberflächlich meditieren wollen, dann kommt keine Konzentration zustande.

Die erste meditative Vertiefung wird immer von Freude begleitet. Denn es ist unmöglich, eine äußerst entzückende Empfindung zu erleben, ohne sich darüber zu freuen. Diese Freude ist dann der Zugang zur zweiten meditativen Vertiefung. Wir lassen die Leichtigkeit oder Schwerelosigkeit oder das sonstige Gefühl des Körpers, das sich als Wärme, Rieseln, Kribbeln oder ein anderes entzückendes Gefühl äußern kann, absichtlich fallen. Die Meditation ist kein glücklicher Zufall, sondern die acht meditativen Vertiefungen sind die Wissenschaft des Geistes. Das bedeutet, dass sie erklärbar, wiederholbar und jedem Menschen zugänglich sind. Die Freude ist eine Begleiterscheinung des Entzückens. Wir lassen das Entzücken absichtlich fallen, sodass es in den Hintergrund tritt. Es verschwindet zu der Zeit nicht, sondern es bleibt als ein hintergründiges Empfinden bestehen, und wir spüren die Freude im Vordergrund. Die Freude kann sich auch als ein unendlich erweitertes Liebesgefühl äußern. Hier wird von einem weit geöffneten Herzen, das mit Liebe und Dankbarkeit angefüllt ist, gesprochen. Es ist aus der Frage nicht zu ersehen, ob es nach der Leichtigkeit und Schwerelosigkeit kam oder ob es der Zugang war, denn beides ist möglich.

Wenn wir durch die Atembetrachtung keinen Zugang zu den meditativen Vertiefungen bekommen, dann können wir den Zugang durch die Liebende-Güte-Meditation erhalten. Dann muss jedoch die Liebende-Güte nicht nur gedacht sein, sondern gefühlt werden. Hier wird sie offensichtlich gefühlt wie ein weites, geöffnetes Herz, das mit Liebe und Dankbarkeit angefüllt ist. Wie es hier geschrieben steht, kam danach die erste meditative Vertiefung. Nachdem die erste meditative Vertiefung absichtlich fallen gelassen worden ist, kann es sein, dass – statt der Freude – wieder dieses geöffnete Herz voller Liebe zu spüren ist. Das bekommen wir sonst in der Liebenden-Güte-Meditation nicht in dieser Stärke zu spüren.

Wir sollten uns also auf jeden Fall einmal darüber klar werden, dass wir auf diese Art Zugang zu den wünschenswertesten Emotionen ohne irgendwelche äußeren Bedingungen bekommen. Das gehört zur Einsicht, die nach den meditativen Vertiefungen kommt. Es muss niemand da sein, den wir lieben können oder der uns Freude bereitet. Im Gegenteil: Alles, was da ist, stört. Außer Konzentration sollte nichts vorhanden sein.

Die ersten vier meditativen Vertiefungen heißen auf *Pāli Rupa-jhānas. Jhāna* bedeutet meditative Vertiefung, und *Rupa* heißt in diesem Fall feinkörperlich. Wieso heißen die ersten vier meditativen Vertiefungen feinkörperlich? Weil sie uns bekannten Gefühlszuständen ähneln. Wir kennen Entzücken, und wir kennen Freude oder Liebe. Was wir kennen, ist jedoch immer davon abhängig, dass von außen etwas durch unsere Sinne auf uns zukommt. Um das Entzücken zu erleben, müssen wir meditieren können. Denn wir können es nicht einfach in uns verspüren, nur weil wir uns hingesetzt haben. Die Meditation zu erlernen, ist bedeutend einfacher, als es zuerst den Anschein hat, aber wir benötigen Willenskraft dazu. Wenn wir wirklich meditieren können, dann setzen wir uns hin und erleben Entzücken und Freude oder ein enorm ausgebreitetes Liebesgefühl, das in der zweiten meditativen Vertiefung hochkommen kann. Die Freude kann mit dem Liebesgefühl gepaart sein. Die Liebe oder die Freude kann auch allein auftreten; alles ist möglich. Auf jeden Fall ist es emotional, wohingegen die erste meditative Vertiefung auf körperlichen Empfindungen beruht. Der Buddha hat gesagt, dass wir in der ersten meditativen Vertiefung genau wissen, dass das bestimmt noch nicht das Ende oder das Ziel der Meditation sein kann und wir nicht deshalb meditieren, um angenehme Körpergefühle zu bekommen. Wir freuen uns zwar, sie zu erleben, aber es ist sicher nicht das Ende oder das Ziel. Weil wir verstanden haben, dass es noch etwas Subtileres gibt, können wir automatisch loslassen, um zur zweiten meditativen Vertiefung zu gehen.

Aus der ersten meditativen Vertiefung entnehmen wir danach bei der Rekapitulation, dass wir das Entzücken, das wir durch unsere Sinneskontakte im Außen suchen, bereits in uns tragen. Daraus sollte folgen, dass wir uns nicht mehr so intensiv nach angenehmen Sinneskontakten ausrichten, sondern unsere Zeit anders verwenden. Das Erleben des Entzückens bedeutet, zu wissen, dass wir es in uns tragen und es draußen in der Welt zwar manchmal erlebbar ist, aber niemals in der Intensität der ersten meditativen Vertiefung und auch niemals ohne Sinneskontakt.

Aus der zweiten meditativen Vertiefung, der Freude oder dem Liebesgefühl, entnehmen wir ganz deutlich, dass wir nur durch Konzentration die innere Freude oder die bedingungslose Liebe erleben können. Spüren wir das Liebesgefühl, was natürlich sehr erfreulich ist, so haben wir ein authentisches Erlebnis der unpersönlichen Liebe. Und das bedeutet *Mettā*, die unpersönliche und bedingungslose Liebe, die der Buddha gelehrt hat. Wenn wir die bedingungslose Liebe in der zweiten meditativen Vertiefung, die immer mit Freude gepaart ist, erleben, dann wissen wir, was der Buddha gemeint hat, wenn er sie als eine der vier göttlichen Verweilungsstätten bezeichnet hat.

Diese Freude und auch das Entzücken sind noch mit Erregung gepaart, und wir haben das Gefühl, als seien die erste und zweite meditative Vertiefung nicht tief, sondern mehr in den oberen Regionen. Statt dieser Erregung wünscht sich der Geist ganz automatisch absolute Ruhe. Zwar hat er sich sehr über diese Zustände gefreut, aber er ist gewillt, diese Freude oder bedingungslose, unpersönliche, gegenstandslose Liebe loszulassen. Das bedeutet, zum nächsten Meditationsobjekt, der Zufriedenheit, zu kommen. Wenn der Geist voller Freude ist, die wir ja ständig und überall suchen, dann ist er zufrieden. Diese Zufriedenheit, wie das deutsche Wort ganz deutlich ausdrückt, führt zum Frieden. Die Erkenntnis, die daraus entsteht, ist ganz bedeutsam und besteht darin, dass Frieden überhaupt nur existiert, wenn wir wunschlos sind. Um in die dritte meditative Vertiefung zu gelangen, müssen wir die Freude loslassen und uns in die Zufriedenheit fallen lassen. Das heißt, wir müssen wunschlos sein. Zu der Zeit sind wir das auch, denn wir haben genau das gefunden, was wir immer gesucht haben: eine ganz tiefe, innere Freude oder eine vollkommen umarmende, weitgehende, gegenstandslose Liebe. Wir sind vollkommen wunschlos und können daher das Meditationsobjekt der Zufriedenheit benutzen.

Diese Einsichten und Erkenntnisse kommen jedoch erst nach dem Erleben der meditativen Vertiefungen und nicht währenddessen. Die meditativen Vertiefungen sind dazu gedacht, dass wir Einsicht bekommen. Einsicht, Klarblick, Verständnis und Weisheit ändern die eigenen Reaktionen. Deshalb ist es ganz wichtig, nach dem Erleben dieser meditativen Vertiefungen zu rekapitulieren. Das bedeutet, dass wir untersuchen, wie wir hineingekommen sind, ihre Vergänglichkeit erkennen und dann sehen, was wir daraus lernen können. Wenn wir in der dritten meditativen Vertiefung lernen, dass Zufriedenheit und damit der Frieden überhaupt nur möglich sind, wenn wir wunschlos sind, dann haben wir die Erste und Zweite Edle Wahrheit erlebt. Diese besagen, dass *Dukkha* immer dann vorhanden ist, wenn wir etwas wollen. Vielleicht erkennen wir auch nach dem Erleben der Wunschlosigkeit, dass wir nicht darauf aus waren, irgendetwas anders haben zu wollen, als es ist. Wird uns das klar und schätzen wir diesen Frieden, diese Ruhe, diese Stille aus der dritten meditativen Vertiefung, dann wird es uns auch möglich sein, im täglichen Leben etwas mehr Ruhe in uns zu tragen. Je mehr Ruhe wir in uns tragen, desto leichter wird es, in der Meditation zur Ruhe zu kommen. Je mehr wir in der Meditation zur Ruhe kommen, desto leichter wird es, im täglichen Leben Ruhe zu haben. Was es bedeutet, Ruhe zu haben, wissen wir jedoch erst, wenn wir sie in der Meditation erlebt haben. Denn sonst glauben wir noch, dass der überaktive Geist sich mit allem beschäftigen muss, was die Sinne berührt. Dass das sehr aufreibend ist, wird den wenigsten Menschen klar. Deshalb herrscht nur da Frieden, wo keine Wünsche sind, und sonst nirgends. Die dritte meditative Vertiefung ist auch deshalb ein so wichtiger und einschneidender Moment, weil die Wunschlosigkeit uns zur Freiheit führen kann.

F: Beim Nachspüren in den Yoga-Stunden fließt der Atem selbstverständlich und leicht. In der Meditation ist er seit einiger Zeit sehr stockend und gepresst. In der ersten und zweiten meditativen Vertiefung kann ich das loslassen. Versuche ich aber, in die dritte meditative Vertiefung zu gehen, dann wird er wieder holprig und oft so störrisch, dass ich in die Zweite zurück muss. Was könnte das für eine Ursache haben, und wie kann ich ihr begegnen?

A: Zunächst einmal muss gesagt werden, dass der Atem in den meditativen Vertiefungen kein Thema mehr ist, denn dort wird der Atem nicht beachtet. Der Atem ist lediglich die Methode, um dorthin zu gelangen, aber auf keinen Fall das Meditationsobjekt in den meditativen Vertiefungen. Sollten wir den Atem benutzen, dann sind wir noch nicht in den meditativen Vertiefungen. Ist der Atem in der dritten meditativen Vertiefung „holprig", dann ist das keine Möglichkeit, der dritten meditativen Vertiefung nahe zu kommen. Bei der dritten meditativen Vertiefung ist weder das anfängliche noch das andauernde Hinwenden zum Meditationsobjekt vorhanden, sodass hierbei der Atem überhaupt nicht mehr in Betracht gezogen wird. Um zur dritten meditativen Vertiefung zu gelangen, müssen wir das entzückende Empfinden der ersten meditativen Vertiefung und die Freude der zweiten meditativen Vertiefung fallen lassen. Das heißt, dass drei Faktoren der Meditation und vor allem der Atem bei der dritten meditativen Vertiefung nicht mehr vorhanden sind. Ob der Atem nun holprig oder störrisch ist oder nicht, ist bei der dritten meditativen Vertiefung ohne jegliche Bedeutung. Wenn der Atem außerhalb der Meditation weder holprig noch störrisch ist, so kann er es auch nicht während der meditativen Vertiefung sein. Erscheint der Atem jedoch auf die beschriebene Art und

Weise holprig oder störrisch, dann hat der Geist irgendwelche Blockaden aufgebaut und es kann von der dritten meditativen Vertiefung überhaupt nicht die Rede sein.

In der ersten und zweiten meditativen Vertiefung ist es selbstverständlich, den Atem nicht zu beachten, sodass wir ihn dann nicht extra loslassen müssen. Bei der ersten und zweiten meditativen Vertiefung geht es darum, den Schlüssel des Atems zu verwenden, um die Tür ins Innere aufzuschließen und die Schwelle zu übertreten. Vielleicht ist der Geist bei der ersten oder sogar noch bei der zweiten meditativen Vertiefung weder gefestigt noch verankert. Deshalb wechselt er von dem entzückenden Empfinden zum Atem und wieder zurück. Das ist die einzige Möglichkeit, wie wir unseren Atem überhaupt noch bemerken und dann loslassen können. Hat nämlich der Schlüssel die Tür geöffnet und haben wir die inneren Gemächer betreten, dann ist doch wohl der Schlüssel kein Thema mehr. Wir hängen ihn an den Haken und hoffen, dass sich die Tür nicht wieder verschließt.

Sollte also der Atem immer wieder als wichtiges Objekt bei der Meditation vorkommen, so müssen wir wieder so lange darauf bleiben, bis wir in die meditative Vertiefung kommen und ihn vollkommen loslassen können. Auch im Alltag atmen wir einfach und sind nicht mit dem Atem beschäftigt. In der ersten, zweiten und dritten meditativen Vertiefung sind wir auch nicht mit dem Atem beschäftigt, sondern atmen, weil wir am Leben sind.

F: Durch die Yogapraxis habe ich gelernt, den Atem zu regulieren. Bei der Atembetrachtung wird mein Atem ganz von selbst sehr fein und mein Geist ruhig. Ich vernehme eine angenehme Ruhe, die sich zunehmend ausbreitet und sich mehr und mehr in den Vordergrund stellt. Ist das im Sinne der stillen Meditation in der buddhistischen Tradition? Kann ich auf diese Weise in *Samādhi* oder in die meditativen Vertiefungen kommen?

A: *Samādhi* heißt Konzentration und die meditativen Vertiefungen heißen *Jhāna*. Da der Buddha uns angehalten hat, präzise zu sein, so ist es wichtig, auch mit diesen Begriffen sehr genau zu sein. *Sammā Samādhi* ist der achte Schritt auf dem Edlen Achtfachen Pfad und bedeutet rechte Konzentration. Die Vertiefungen, auf *Pāli Jhāna*, und auch die Atembetrachtung sind nicht nur buddhistische Tradition. Sie sind schon viel älter. Der Buddha hat ergänzt, dass es nicht allein genügt, die meditativen Vertiefungen zu praktizieren, sondern dass aus den Vertiefungen Einsicht erwachsen muss. Einsicht bedeutet auch Klarblick oder Weisheit. Die meditativen Vertiefungen selbst sind bereits in den *Rigvedas* zu finden, die vor etwa 5000 Jahren nieder geschrieben wurden.

Wird der Geist ruhig, dann wird der Atem automatisch ganz fein und es entsteht ein Gefühl der Ruhe. Ist der Atem sehr fein geworden, dann ist er manchmal schwer oder gar nicht mehr zu finden. Als nächsten Schritt gehen wir nach innen und stellen dort das entzückende Empfinden fest, das wir in der ersten meditativen Vertiefung als Meditationsobjekt verwenden. Diese sich ausbreitende, angenehme Ruhe kann eventuell ein Zugang zu den meditativen Vertiefungen sein. Steht die Ruhe im Vordergrund, so ist es besonders einfach, das entzückende

Empfinden zu bemerken und als Meditationsobjekt in der ersten meditativen Vertiefung zu benutzen. Das ist ganz im Sinne der Ruhemeditation.

F: Heute Morgen hatte ich die Frage, woher die Kraft der Liebe kommt. Jetzt frage ich, ob diese Kraft dadurch entsteht, dass wir in dem Glückseligkeitsgefühl, das sich bei mir auch als tiefes Ergriffenheitsgefühl, als eine Verbindung oder Einssein mit Gott äußert, in uns eingehen und dieses Gefühl durch Training immer mehr verlängern, um ständig diese Kraft zur Verfügung zu haben.

A: Ich glaube, dass es sich hier um die zweite meditative Vertiefung handelt. Dazu möchte ich noch erwähnen, dass die zweite meditative Vertiefung sehr häufig ein ganz starkes Liebesgefühl hervorruft. Die Glückseligkeit der zweiten meditativen Vertiefung kann sehr leicht ein Gefühl der unpersönlichen, bedingungslosen, weit ausladenden Liebe sein. Deshalb ist auch die zweite meditative Vertiefung bei der Meditation ein ganz wichtiger Schritt, denn sie zeigt uns, dass wir sowohl die Glückseligkeit als auch die Liebe in uns tragen. Selbstverständlich ist Liebe eine Kraft. Eventuell können wir uns darunter auch ein Einssein mit Gott vorstellen, aber es handelt sich dann nur um eine Vorstellung. Die zweite meditative Vertiefung bringt außerdem ein Gefühl der Selbstsicherheit, weil wir wissen, dass wir zu diesem Gefühl der Liebe zurückkehren können. Daher lassen wir uns nicht mehr von anderen Gefühlen überrennen, fühlen uns selbstsicher und voller Selbstvertrauen. Das Einssein mit Gott kann erst dann überhaupt hochkommen, wenn wir uns selbst gar nicht mehr mit irgendetwas identifizieren, auch nicht mit Liebe. Erst dann können wir Einssein mit Gott erleben.

F: Bei der Atembetrachtung gibt es für mich zwei Varianten. Die eine Variante ist nur ein Betrachten des Atems, wie ein Gefühl, Abstand vom Körper zu haben und nur zu beobachten, wie „es" atmet. Die zweite Variante beruht darauf, dass eine Nähe zur Empfindung des Atems entsteht, das fast wie ein Verschmelzen ist. Es fühlt sich so an, als ob Beobachten und Empfinden des Atems sich immer näher kämen. Welche Variante führt zur meditativen Vertiefung?

A: Beide Varianten sind vollkommen in Ordnung und können zu dem entzückenden Empfinden führen. Ich könnte mir vorstellen, dass die zweite Variante schneller in die meditative Vertiefung führt, aber die Erste ist auch in Ordnung. Solange „es" atmet und weder „ich" atme noch „ich" beobachte, steht die Meditation im Vordergrund. Das Verschmelzen des Geistes mit dem Atem ist ein Resultat davon. Die erste Variante führt also zur zweiten und müsste das entzückende Empfinden nach sich ziehen.

F: Was mache ich mit dem vielen Licht und der Helligkeit, die – wie von einem Kraftwerk – rhythmisch und kreisförmig auf mich strahlen? Ich habe mich davon überfluten lassen und an meine Umgebung abgegeben. Das hat mich doch so sehr berührt, dass ich mich auf nichts anderes mehr konzentrieren konnte.

A: Dieses Licht und die Helligkeit sind äußerst erfreulich, ganz besonders, wenn es wie ein Kraftwerk ist. Das ist ein

Zeichen für starke Konzentration und führt zur ersten meditativen Vertiefung. Sich mit diesem Licht und der Helligkeit überfluten zu lassen und darin zu sitzen, ist vollkommen in Ordnung. Wenn wir uns mit diesem hellen Licht eine Weile umgeben haben, dann können wir das Entzücken, das in uns selbst existiert, auch verspüren. Wir ändern das Meditationsobjekt von dem hellen Licht zu dem entzückenden Empfinden, das die erste meditative Vertiefung ist. Dieses helle Licht tritt nicht bei jedem auf, der in die erste meditative Vertiefung geht, doch bei vielen. Bei manchen zeigt es sich nur ganz kurz, bei anderen etwas länger; bei manchen ist es äußerst stark, bei anderen nur mittelmäßig.

F: Wenn das entzückende Gefühl beginnt, dann denke ich plötzlich, dass ich keine Luft mehr bekomme, und nehme einen tiefen Atemzug, was den Beginn dieser Verzückung wieder beendet. Daraufhin habe ich mich Folgendes gefragt: „Warum habe ich Angst, keine Luft mehr zu bekommen?" Meine Antwort lautete: „Ich habe Angst zu ersticken und zu sterben." Dann fragte ich mich: „Warum habe ich Angst zu sterben?" Als Antwort darauf kam: „Ich habe Angst, nicht mehr da zu sein. Ich will leben." An der Stelle komme ich nicht mehr weiter. Oder ist diese Atemverkrampfung Resultatdenken?

A: Wenn wir konzentriert sind und wirklich einmal aufgehört haben zu denken, dann haben wir keine Egobestätigung mehr. Diese fehlende Egobestätigung kann sich in einem solchen Angstzustand manifestieren. Wahrscheinlich haben wir unser ganzes Leben nichts anderes gemacht, als Egobestätigung zu suchen. Das zeigt sich auf jeder Ebene. Sagen wir: „Schau mal, was ich alles kann", oder: „Schau mal, was ich alles nicht kann", oder: „Schau mal, wie klug ich bin", oder: „Schau mal, wie dumm ich bin", so handelt es sich immer um Egobestätigung. Wenn wir nicht denken, dann ist niemand da, der uns bestätigt, dass wir da sind. Dann kann sehr leicht Angst in uns hochkommen, sodass wir schnell einen tiefen Atemzug nehmen und wieder denken. Können wir das nicht überwinden, dann wird es wohl nicht viel werden mit der Meditation. Die Egobestätigung müssen wir einmal – jedenfalls kurzfristig – beiseitelassen. Nichts ist erleichternder als das, denn die Egobestätigung ist der größte Druck und Stress, den die Menschheit auf sich selbst ausübt. Alles, was wir tun und was sich als unangenehm erweist, ist verstärkte Egobestätigung. Wenn es nur minimal ist, dann spüren wir das im Allgemeinen nicht, aber hier zeigt es sich ganz deutlich. Kommen wir nicht darüber hinweg, dann müssen wir wohl weiter den Atem betrachten, anstatt das entzückende Gefühl zu erleben.

F: Beim Meditieren komme ich manchmal in einen Zustand, der nur hell, licht und klar ist und sonst nichts. Den Körper empfinde ich dann als leichter oder erleichtert, insbesondere den Kopf. Es ist, als sei Luft dazwischen. Was bedeutet das?
A: Hell und licht sind ein Zeichen für Konzentration. Bei vielen Meditierenden zeigt sich ein intensives Licht, wie Sonnenlicht oder auch Scheinwerferlicht, wenn die Konzentration kommt. Das ist nicht bei jedem der Fall, und es ist auch nicht unbedingt nötig. Wenn wir Schwie-

rigkeiten haben, in die erste meditative Vertiefung zu kommen, dann können wir dieses Licht verwenden, indem wir uns für kurze Zeit darauf konzentrieren und es so vergrößern, bis wir davon vollkommen umhüllt sind, und benutzen dann das veränderte Körperempfinden als Meditationsobjekt. Das ist die erste meditative Vertiefung. Wenn wir im Allgemeinen sehr viel denken, dann ist diese Erleichterung deutlich zu spüren, besonders im Kopf. Das ist dann auch ein Teil dieses Erlebens.

F: Wie kann ich meine Konzentration vertiefen? Ich habe bei der Meditation das Gefühl, am Rand eines Schwimmbeckens zu stehen und nicht in der Lage zu sein, hineinzuspringen.

A: Diese bildlichen Gedanken können sehr hilfreich sein, denn sie können für Menschen mit einem visuellen Geist die Meditation effektiv ins Rollen bringen. Die erste, zweite und dritte meditative Vertiefung rekapituliere ich an dieser Stelle nur kurz. Die erste meditative Vertiefung ist ein entzückendes Gefühl, die zweite meditative Vertiefung die Freude und die dritte meditative Vertiefung die Zufriedenheit, die zu einem friedvollen Gefühl führt. Wenn die erste und zweite meditative Vertiefung noch nicht stabil ist, dann sind noch Geräusche zu hören und der Geist geht häufig vom Gefühl zum Körper zurück. Sind die erste, zweite und dritte meditative Vertiefung jedoch stabilisiert, dann ist das gewöhnliche Körpergefühl ausgeschaltet. Bei der dritten meditativen Vertiefung können wir noch Geräusche hören, vor allem wenn sie besonders laut sind. Sonst haben wir das Gefühl, unter einer Glasglocke zu sitzen, was bedeutet, dass die Geräusche zwar noch vorhanden sind, sie aber nicht mehr an uns herankommen, uns weder stören noch unsere Meditation beenden können.

Um von der dritten in die vierte meditative Vertiefung zu kommen, benutze ich das Gleichnis eines Brunnens statt eines Schwimmbeckens. Bei der dritten meditativen Vertiefung sitzen wir am Rand eines Brunnens und lassen die Beine herunterhängen und kommen vielleicht schon mit dem Oberkörper etwas in den Brunnen hinein. Wenn wir uns in dem Brunnen befinden, so sind natürlich die Geräusche viel weniger wahrnehmbar. Je tiefer wir uns in den Brunnen hineinlassen, desto weniger Geräusche hören wir. Auf dem Weg vom Brunnenrand zum Boden des Brunnens gibt es dann die verschiedenen Stadien, die sich alle mehr oder weniger auf die vierte meditative Vertiefung beziehen. Sind wir am Grund des Brunnens angelangt, dann ist das die vierte meditative Vertiefung mit vollkommener Stille, in der alle Geräusche ausgeschaltet sind.

Um sich in diesen Brunnen hinunterzulassen, gehört Mut, den wir auch dazu benötigen, um uns auf etwas Neues einzulassen. Auch wenn uns das Alte nicht beglückt und wir damit so gerade über die Runden kommen, haften wir dennoch daran an, weil wir es kennen. Da uns das Neue unbekannt ist, könnte es eventuell doch nicht das sein, wonach wir suchen. Es gehört also Mut dazu, uns dem Unbekannten zu öffnen. Das bedeutet, die alten Gedankenmuster, Ansichten und Meinungen loszulassen.

Jedoch gehört noch mehr dazu. In der ersten, zweiten und dritten meditativen Vertiefung haben wir ganz deutlich einen Beobachter, der während der meditativen Vertiefung und auch danach genau erkennt, was da los ist. Dieser Beobachter heißt „Ich". Er ist uns willkommen, denn wir kennen ihn. Außerdem sind wir davon überzeugt, dass wir ein „Ich" haben. Um in die vierte meditative Vertiefung zu gelangen, muss dieser Beobachter soweit ausgeschaltet werden, dass er sich nicht mehr als der gewohnte Beobachter zeigt, sondern mit in die Stille geht. Das ist die größte Schwierigkeit, denn damit geht das „Ich" in die Stille. Zu der Zeit der vierten meditativen Vertiefung haben wir absolut keine Unterstützung unserer Ich-Illusionen. Deshalb sträubt sich unser Geist, den wir ja auch „Ich" nennen, gegen diese neue Erfahrung, selbst wenn wir schon die ersten drei meditativen Vertiefungen erlebt haben. Er will nämlich nicht loslassen.

Bei dieser Frage geht es auch um eine Technik, die uns dabei hilft, in der Meditation tiefer gehen zu können. Bevor wir anfangen zu meditieren, können wir dem Geist gut zureden und ihm mitteilen, dass er den Beobachter und das „Ich" sofort nach der Meditation wiederhaben kann, wenn er momentan davon loslässt. Das kann hilfreich sein, sollten wir es ernst damit meinen, einmal loslassen zu wollen. Um in die vierte meditative Vertiefung zu gelangen, müssen wir sehr viel stärker loslassen als bei den ersten drei. Diese sind lediglich auf Konzentration aufgebaut, und die erste meditative Vertiefung häufig auch auf dem Gefühl der Liebenden-Güte, wohingegen bei der vierten meditativen Vertiefung effektiv losgelassen werden muss. Deshalb ist es so schwierig, sich auf den Grund des Brunnens zu begeben. Wenn sich in der dritten meditativen Vertiefung die Zufriedenheit, die wir verspüren und auf die wir uns konzentrieren, durch stabile Konzentration in Frieden verwandelt hat, dann können wir versuchen, uns so davon durchdringen zu lassen, dass überhaupt nichts anderes mehr zu finden ist. Es ist ein Gefühl, als ob der Geist effektiv in die körperliche Tiefe gehen würde.

Ansonsten gibt es dazu nur zu sagen, dass wir immer weiterüben sollten. Die meditativen Vertiefungen sind der natürliche Weg des Geistes. Jeder menschliche Geist hat diese Fähigkeit, wenn wir ihm die Möglichkeit dazu bieten und ihm auch noch die entsprechenden Anweisungen zukommen lassen. Es ist immer schon bei all den Praktizierenden so gewesen, ob sie es Kontemplation, Gebet oder Meditation genannt haben. Es gibt nur den Weg der Meditation, um den Geist zur Ruhe zu bringen. Meditation ist die Wissenschaft des Geistes, und jegliche Wissenschaft muss wiederholbar, jedem zugänglich und erklärbar sein. Natürlich gehört auch viel Umdenken dazu, was für manche Menschen nicht so einfach ist. Dieses Umdenken hilft uns dabei, Neues zu erleben.

F: Kannst du mir bitte sagen, ob ich die meditativen Vertiefungen richtig mache? Wenn ich in der dritten meditativen Vertiefung bin, sinke ich wie mit einem Aufzug in eine unermessliche Tiefe, die nicht absolut still ist, aber sehr ruhig. Meinen Körper kann ich nicht mehr spüren. Nach einer längeren Zeit wird es ganz hell und es ist, als ob kein Raum mehr da wäre.
A: Von der dritten meditativen Vertiefung wie in einem Fahrstuhl in unermessliche Tiefen zu sinken, ist die

vierte meditative Vertiefung. In der dritten meditativen Vertiefung sind die Zufriedenheit und das Erfülltsein am deutlichsten, worauf ein friedlicher Zustand folgt. Die unermessliche Tiefe bedeutet die vierte meditative Vertiefung. Wenn es in dieser Tiefe nicht absolut still ist, so nehme ich an, dass noch Geräusche zu hören sind. Das heißt, dass die Konzentration noch nicht einspitzig ist. Mit einspitziger Konzentration werden Geräusche nicht mehr wahrgenommen, weil der Geist sich ihnen nicht zuwendet. Er muss sich also noch etwas mehr in die Tiefe der Ruhe begeben. In der vierten meditativen Vertiefung ist es üblich, dass wir statt Helligkeit Dunkelheit erleben und wir ein Gefühl des „zusammengezogenen Seins" oder „in der Tiefe von der Stille übermannt sein" erleben, aber das ist auch individuell verschieden. Es handelt sich mehr um ein Gefühl des Zusammengezogenseins, das auch der Einspitzigkeit hilft, statt in die Weite zu gehen. Ich denke, dass es sich bereits um die vierte meditative Vertiefung handelt, und es ist vielleicht nötig, sich noch mehr auf die dort herrschende Ruhe zu konzentrieren, sodass auch keine Geräusche mehr zu hören sind. Den Körper spüren wir – außer in der ersten – in keiner der meditativen Vertiefungen, weil wir ja die Achtsamkeit auf das Gefühl richten statt auf den Körper. Das Tiefen-erlebnis macht die vierte meditative Vertiefung aus, und darauf sollten wir uns konzentrieren. Die Helligkeit bedeutet starke Konzentration.

F: Während der Meditation tauchte plötzlich die Frage auf, warum manche Statuen ein Loch in der Stirn ha-ben. Mein Geist konzentrierte sich daraufhin auf die

Stirnmitte, und es war möglich, nach außen zu gehen, allerdings nicht sehr weit, da ein Widerstand vorhanden war. Aber nach innen war ein Zugang sehr wohl möglich. Also bin ich dann nach innen gegangen, und es war so, als ob ein Energiestrom durch den Körper fließen würde. Es war momentan nicht mehr festzustellen, wo oben und unten ist. Dieses Erlebnis war sehr überwältigend, aber leider habe ich dafür weder Erklärung noch Erkenntnis. Kannst du mir vielleicht weiterhelfen?

A: Das ist ganz einfach die erste meditative Vertiefung. Hier hat sich der Geist dafür interessiert, was dieses angebliche Loch bei den Statuen ist, das ich noch nie gesehen habe. Bis jetzt war das für mich immer nur entweder ein Farbfleck oder eine Art Juwel in der Stirnmitte. Deshalb ist die Konzentration gekommen. *Pīti*, das *Pāli*wort für Entzücken, wird auch mit Interesse übersetzt. Wenn wir wirkliches Interesse an unserem Tun haben, dann bleiben wir auch dabei, sonst hören wir auf und machen etwas anderes. Das heißt, der Geist geht dann spazieren oder schaut sich in der Weltgeschichte um. Hier war Interesse und dadurch Konzentration vorhanden, und der Energiestrom ist ein typisches körperliches Anzeichen für die erste meditative Vertiefung. In den Kommentaren werden siebzehn verschiedene Körperempfindungen genannt; wahrscheinlich gibt es noch viel mehr. Energiestrom können wir auch anders benennen, wie zum Beispiel vibrieren, kribbeln, strömen, fließen, was hier auch erwähnt wird. Diese Begriffe sind besser, weil das Wort Energie in der esoterischen Szene oft auf viele Arten verwendet wird, und am Ende weiß kein Mensch mehr, was Energie tatsächlich bedeutet.

Dieses Strömen, Fließen, Vibrieren ist für die nächsten etwa zwanzig Minuten unser Meditationsobjekt, und wir kehren jedes Mal zurück, wenn wir davon abschweifen. Nach ungefähr zwanzig Minuten lassen wir dieses Gefühl absichtlich fallen und wenden uns dann der Freude der zweiten meditativen Vertiefung zu. Am Ende jeder meditativen Vertiefung untersuchen wir die folgenden drei Punkte: 1. Auch das ist vergänglich. 2. Wie bin ich dahin gekommen? 3. Was habe ich daraus gelernt? Um dahin zu kommen, ist es sicher nicht nötig, sich ein Loch in der Stirn vorzustellen. Aber wenn diese Methode für dich funktioniert, dann solltest du sie so lange benutzen, bis du sie nicht mehr benötigst. Die rechte Methode für die Meditation ist etwas, das uns interessiert und bei der unser Geist bleiben kann. Eines Tages können wir ganz selbstverständlich in die erste meditative Vertiefung eintauchen und benötigen dann keine Methode mehr dafür.

F: Wenn meine Konzentration nicht stark genug ist, um in die meditativen Vertiefungen zu gelangen, gehe ich manchmal nach einer Phase der Atembetrachtung langsam kontemplativ durch die meditativen Vertiefungen und erfahre dabei zum Teil sehr tiefe Momente des Friedens und der Ruhe. Ich finde diesen Gang durch die meditativen Vertiefungen hilfreich. Findest du das auch? Oder bin ich auf dem Holzweg und stärke nur meine Neigung, mich geistig zu bewegen, statt mich auf eine Sache zu konzentrieren?
A: Wenn die Konzentration nicht stark genug ist, um die meditativen Vertiefungen zu erleben, sondern die

meditativen Vertiefungen kontemplativ benutzt werden, das heißt – wenn ich es richtig verstehe – dass es eine Vorstellung davon ist, wie sie sein könnten, so kann das äußerst hilfreich sein. Es ist nämlich im Allgemeinen für Menschen gar nicht möglich, Dinge zu erleben und effektiv in ihrem Innersten zu verarbeiten, die sie sich nicht vorstellen können. Denn das Unvorstellbare ist noch weiter von uns entfernt als das, was wir noch nicht können. Wenn es sich um einen aktiven Geist handelt, der noch nicht ausreichend konzentriert ist, um effektiv die meditativen Vertiefungen zu erleben und länger dort zu verweilen, so kann es sehr hilfreich sein, die Vorstellungskraft zu benutzen und sich dadurch den meditativen Vertiefungen zu nähern. Das ist wohl der Fall, denn hier steht geschrieben: „Es sind Momente des Friedens und der Ruhe." Das ist auch nicht verwunderlich, weil uns – auch wenn es nur eine Vorstellung ist – dennoch ein anderer als der weltliche Weg gezeigt wird. Deshalb ist das absolut zu befürworten.

F: Meine Frage betrifft die erste meditative Vertiefung. Ist es möglich, dass durch die seit Tagen geübte Konzentration *Pīti* schneller eintritt beziehungsweise latent vorhanden ist, sodass wir es bereits nach wenigen Minuten wahrnehmen können? Kann es in unterschiedlicher Stärke empfunden werden?
A: Das äußerst angenehme Körpergefühl der ersten meditativen Vertiefung sowie die Gefühle der weiteren meditativen Vertiefungen sind immer in uns vorhanden. Wir können nichts von außen in uns einpflanzen. Sind wir geübt und haben wir praktiziert, so können wir die

erste meditative Vertiefung einzig und allein dadurch erleben, dass wir uns auf ein Kissen setzen oder auch nur den Gedanken hochbringen. Das ist zum Beispiel im Wartezimmer eines Zahnarztes oder im Stau auf der Autobahn äußerst hilfreich. Die erste meditative Vertiefung ist uns jederzeit zugänglich, wenn wir genug geübt haben, und sie ist immer latent vorhanden. Unsere Erlebnisse in den meditativen Vertiefungen sind unsere inneren Gemächer, die immer existieren, aber wir haben den Zugang verschüttet. Wahrscheinlich wissen oder wussten wir noch nicht einmal, dass da überhaupt ein Zugang existiert. Durch diesen intensiven Meditationskurs ist es sehr wahrscheinlich, dass die erste meditative Vertiefung sehr schnell hochkommen kann und wir die Atembetrachtung oder die Liebende-Güte-Meditation dafür vielleicht nicht mehr benötigen. Je schneller wir dahin kommen, desto einfacher wird der Weg für uns. Die Atembetrachtung ist nicht die Meditation, sondern lediglich der Schlüssel zu den inneren Gemächern. Wenn wir die Methode nicht brauchen, dann besteht keine Notwendigkeit, sie zu benutzen. Das entzückende Empfinden der ersten meditativen Vertiefung gibt es natürlich in unterschiedlicher Stärke. Manchmal ist es schwach, manchmal mittelmäßig, manchmal sehr stark ausgeprägt. Das hängt von der Konzentrationsstärke ab. Je besser die Konzentration ist, desto intensiver wird auch das Gefühl.

F: Ist es richtig, dass wir in den meditativen Vertiefungen immer noch Geräusche und körperliche Empfindungen gelegentlich wahrnehmen können, oder mache ich da etwas falsch? Sollen wir uns dann darauf konzentrieren, Gedanken zu entdecken, bevor sie aufkommen?

A: Einspitzigkeit ist ein Faktor, der bei jeder Meditation vorhanden ist, und nicht eine der Stufen der meditativen Vertiefungen. Wir benötigen die Einspitzigkeit, um überhaupt konzentriert zu werden. Die Zufriedenheit der dritten meditativen Vertiefung führt zum Frieden und zu einer ganz tiefen Ruhe, wenn wir zur vierten meditativen Vertiefung kommen. In der ersten, zweiten und auch manchmal in der dritten meditativen Vertiefung hören wir Geräusche, weil der Geist noch nicht so stabil konzentriert ist, dass er sich vollkommen auf das Meditationsobjekt konzentrieren kann. In der dritten meditativen Vertiefung sollten normale, nicht allzu laute Geräusche so diffus sein, dass sie uns weit entfernt vorkommen, als säßen wir unter einer Glasglocke. Wenn die Geräusche jedoch sehr laut sind, dann dringen sie in der dritten meditativen Vertiefung sicher auf uns ein.

Einmal saß der Buddha an einem Fluss, um dort zu meditieren. Als er aus der Meditation herauskam, stand ein Mönch einer anderen Tradition neben ihm und sagte zu ihm, er habe selbst schon so meditiert, dass er ein Gewitter nicht gehört habe. Daraufhin erwiderte der Buddha, dass er sieht, dass während seiner Meditation durch diesen Fluss fünfhundert Ochsenkarren gefahren seien, er aber nichts davon gehört habe. Das heißt, in einer wirklichen meditativen Vertiefung sind keine Geräusche mehr zu hören.

F: Vermitteln die große Stille der vierten und die unendliche Weite der fünften meditativen Vertiefung ein erstes geahntes Erleben und eine erste Einsicht in die Möglichkeit des Verlöschens des Daseinstriebes? Ich hatte bei den letzten Meditationen stark diesen Eindruck.

A: Das ist absolut richtig. Sowohl bei der vierten als auch bei der fünften, der sechsten und der siebten meditativen Vertiefung ist die Persönlichkeit so weit reduziert, dass die Möglichkeit des Verlöschens des Daseinstriebes besteht. Bei der vierten meditativen Vertiefung ist zusätzlich auch der Beobachter um vieles reduziert. Bei der fünften und sechsten meditativen Vertiefung ist es ganz klar, dass in diesem unendlichen Raum niemand persönlich vorhanden ist, sondern nur die Weite. Daraus können wir vielleicht den Daseinstrieb in uns erkennen. Haben wir ihn erkannt, dann können wir etwas dagegen tun. Das heißt, dass wir ihn als Daseinstrieb erkennen, wenn er sich auf der Ich-Ebene, auf der Ebene der Ich-Bestätigung, der Ich-Behauptung, des Ich-Wollens oder auch auf der Ebene der Sinnesbefriedigung zeigt.

F: Zu Beginn einer Meditationssitzung fällt es mir oft sehr leicht, ein tiefes Gefühl der Dankbarkeit und Liebe hervorzubringen. Das war nicht immer so und hat sich erst nach mehrjähriger Praxis entwickelt. Gelingt es mir dann, mich auf das Sitzen oder den Atem zu konzentrieren, so stellt sich ein anhaltendes Gefühl großer Freude ein. Bei noch stärkerer Achtsamkeit stellt sich ein Gefühl ein, als ob alle Last und Angst der Welt von mir abgefallen wären. Ich würde diesen Zustand als das bezeichnen, was du das Glück der Wunschlosigkeit genannt hast. Es könnte sich bei der Freude und der Wunschlosigkeit um die zweite und dritte meditative

Vertiefung handeln. Allerdings bemerke ich da immer noch eine Tätigkeit des Geistes, eine undefinierbare Bewegung im Hintergrund, beim Gefühl der Freude auch in Form von Gedanken, die ich aber im Entstehen loslassen kann und nicht weiterverfolgen muss. Sollte ich sie dann doch weiterverfolgen, dann ist die Freude natürlich weg. Vor allem das Erleben der Wunschlosigkeit ist tief greifend und hat auch meinen Alltag sehr zum Positiven verändert. Wie würdest du diese Erfahrung einordnen? Ich bin verunsichert, weil ich dachte, dass bei der richtigen Meditation überhaupt keine Gedanken mehr auftauchen dürften, noch nicht einmal ansatzweise. Oder sollte ich mir überhaupt nicht den Kopf darüber zerbrechen, sondern stattdessen froh darüber sein, dass alles so gut klappt, wie es klappt?

A: Diesen Vorschlag befürworte ich sehr. Die Beschreibung hört sich nach zweiter und dritter meditativer Vertiefung an, die noch nicht fest verankert und auch noch nicht so tief sind, dass alles andere ausgeschaltet ist. Das Gefühl der Wunschlosigkeit ist die Ursache und das Resultat die Zufriedenheit, die zum Frieden führt, auf den wir dann die Achtsamkeit richten. Wenn die meditative Vertiefung noch tiefer verankert wird, dann wird sie so befriedigend und beglückend, dass wir uns nicht mehr mit anderen Gedanken herumschlagen müssen. Um das zu erreichen, müssen wir immer wieder üben und uns nicht den Kopf darüber zerbrechen, was da eigentlich ist, sondern uns darüber freuen, dass überhaupt etwas da ist. Das Glück der Wunschlosigkeit ist das Resultat, das wir nach der dritten meditativen Vertiefung als Einsicht bekommen. Das Meditationsobjekt in der dritten medi-

111

tativen Vertiefung ist das Gefühl der Zufriedenheit, das sehr friedlich ist. Hier wird angesprochen, dass alle Last und Angst der Welt abgefallen seien, was Zufriedenheit bedeutet. Wenn der Zugang zum Gefühl einspitziger wird, dann wird die meditative Vertiefung intensiver. Das hier beschriebene Erlebnis ist tadellos, es kann nur noch mehr vertieft werden.

F: Inzwischen kann ich mich bereits oftmals sehr gut auf den Atem konzentrieren. Es kommen dann jedoch noch ab und zu Gedanken, die ich als angenehm empfinde und daher nicht sofort loslasse. Natürlich bringt mich das von der weiteren meditativen Vertiefung weg. Ich sollte die Gedanken immer loslassen, aber manchmal sind es ganz tolle Ideen, die ich mir bewusst noch genauer ansehe, damit ich sie nach der Meditation nicht vergesse. Soll ich mich nun auf die tollen Ideen einlassen oder sofort loslassen?
A: Die Gedanken sollten sofort losgelassen werden, denn so toll können sie gar nicht sein, solange sie nicht mit Einsicht zu tun haben. Sollte ein Erkennen hochkommen, was mit Einsicht zu bezeichnen ist, dann können wir uns darauf einlassen. Einsicht bedeutet, entweder Vergänglichkeit, *Dukkha* oder Substanzlosigkeit zu erkennen. Es kann auch eine Einsicht in die eigenen Hindernisse sein. Im Allgemeinen ist das schon etwa alles, was wir überhaupt mit Einsicht bezeichnen können. Tolle Ideen sind meistens zukünftige Pläne, wie wir selbst noch etwas toller werden könnten. Das ist dem, was wir hier im Meditationskurs machen, genau entgegengesetzt. Wenn die Gedanken angenehm sind, dann ist es beson-

ders wichtig, das Loslassen zu praktizieren. Denn das Unangenehme loszulassen ist nicht so schwierig, obwohl auch das natürlich manchmal schwer fällt. Wenn eine Idee schon recht massiv war, dann können wir sie auch erst einmal mit einem Etikett versehen und untersuchen, was wir mit unserem Geist machen und weshalb wir ihn nicht zur Ruhe kommen lassen können. Das sind alles Möglichkeiten, tiefere Einsicht zu bekommen. Nur wenn Einsicht kommt, lohnt es sich, die Ruhemeditation aufzugeben und sich der Einsicht zu widmen.

F: Bei den ersten vier meditativen Vertiefungen verbinde ich mich doch vollkommen mit einem Gefühl, zum Beispiel mit Freude. Sollte ich das positive Gefühl nicht einfach nur beobachten, wenn es kommt, damit ich im täglichen Leben auch besser meine Gefühle beobachten kann, ohne darauf reagieren zu müssen?
A: Wenn wir bei der zweiten meditativen Vertiefung, bei der Freude, auf die Freude reagieren, so sind wir nicht mehr in der zweiten meditativen Vertiefung und es gibt keine Freude mehr. Entweder wir erleben die Freude, oder wir reagieren darauf. Die meditativen Vertiefungen haben gar nichts mit Reagieren zu tun. Wenn wir den Vorgang in der meditativen Vertiefung nicht beobachten, dann können wir daraus auch keinen Klarblick schöpfen. Sollte eine meditative Vertiefung tatsächlich stattfinden, so ist es ein reines Beobachten, ein reines Sein und Erleben, was danach zum erkannten Erleben wird. Das ist jedoch nur möglich, wenn wir das Gefühl tatsächlich erlebt haben. Sollten wir auf das Gefühl reagieren, dann haben wir momentan aufgehört, vertieft zu meditieren.

Wenn wir in den meditativen Vertiefungen schon die Gefühle erlebt haben, so hilft uns das, die Gefühle im täglichen Leben besser zu verstehen. Allerdings überrennen uns gerade die Emotionen im Alltag oft so sehr, dass wir in ihnen gefangen sind, statt dass wir sie klar erleben. Deshalb ist es meistens ziemlich schwierig, diese Emotionen lediglich zu beobachten. Aber wenn wir das reine Beobachten in der Meditation praktizieren, so kann das auch für den Alltag hilfreich sein. Um eine meditative Vertiefung handelt es sich nur, wenn wir das entsprechende Gefühl rein erleben.

F: Vielleicht bin ich schwer von Begriff, aber ich verstehe noch nicht, wie Folgendes zusammenpasst: Einerseits können wir direkt zum Gefühl des Entzückens der ersten meditativen Vertiefung gehen, wenn wir den Weg dahin schon gegangen sind, andererseits sollten wir das Gefühl des Entzückens jedoch nicht suchen.

A: Wenn wir das Gefühl des Entzückens suchen, dann können wir uns nicht konzentrieren, denn der Geist kann sich nicht gleichzeitig mit zwei Sachen beschäftigen. Entweder er sucht herum, wo dieses Gefühl wohl ist, das doch so schön war und er gerne wieder hätte, oder aber er konzentriert sich auf das Meditationsobjekt, das vielleicht der Atem ist. Durch die Konzentration wird der Atem immer feiner. Ist der Atem dann so fein geworden ist, dass er entweder gar nicht mehr oder nur schwer zu finden ist, dann wenden wir uns dem Gefühl des Entzückens zu. Entweder wir konzentrieren uns und können uns durch die Konzentration dem Gefühl zuwenden, weil es ja in uns vorhanden ist, oder aber wir setzen uns hin und suchen und kommen auf diese Art dem Entzücken nicht nahe.

F: Wie mache ich das, dass das Entzücken in den Hintergrund tritt, wenn die Freude kommt? Konzentriere ich mich da vorübergehend wieder auf den Atem oder gleich auf die Glückseligkeit?
A: Zum Atem kehren wir nicht wieder zurück. Das anfängliche sowie das anhaltende Hinwenden zum Meditationsobjekt sind bei der zweiten meditativen Vertiefung nicht mehr nötig, weil beides schon durch die erste meditative Vertiefung etabliert ist. Das Entzücken lassen wir in den Hintergrund der Achtsamkeit treten, sodass es da immer noch vorhanden ist. In den Vordergrund lassen wir die Emotion kommen, die bereits da ist. Wie wir schon gelernt haben, weiß der Geist nur das, worauf er sich momentan richtet, sodass er sich dann eben auf etwas anderes ausrichtet. Zum Atem kehren wir nur dann zurück, wenn wir unsere Konzentration vollkommen verloren haben.

F: Die erste meditative Vertiefung funktioniert bei mir prinzipiell nur im Liegen vor dem Einschlafen. Im Sitzen während der Meditation atme ich verkrampft, egal in welcher Sitzposition. Wenn ich versuche, den Atem flach werden zu lassen, dann muss ich nach Luft schnappen und tief durchatmen. Was kann ich tun?
A: Auf keinen Fall das, was hier geschrieben steht, nämlich den Atem flach werden zu lassen, denn das ergibt überhaupt keinen Sinn. Das bedeutet, den Atem zu manipulieren, aber damit sind wir nicht beschäftigt.

Wenn wir etwas manipulieren, dann nur unseren Geist, damit wir ihn zur Konzentration bringen können, statt dass er sich um Dinge kümmert, die zur Zeit der Meditation überhaupt nicht anstehen, die jedoch jegliche meditative Vertiefung verhindern. Eine meditative Vertiefung kommt dann zustande, wenn der Geist so konzentriert ist, dass er fein und subtil wird. Da der Atem dem Geist folgt, wird er genauso fein und subtil wie der Geist, aber das hat mit einem flachen Atem nichts zu tun. Möglicherweise üben wir einen gewissen Druck auf uns selbst aus, weil wir irgendetwas erreichen wollen, aber das verkrampft die ganze Sache nur. Kommen wir jedoch im Liegen in die erste meditative Vertiefung, dann können wir sie immer und bei jeder Gelegenheit. Denn, was wir einmal gelernt haben und können, geht uns nicht mehr verloren. Die Ansätze sind hier also im Liegen da, aber dieses Verkrampfen hat vielleicht etwas damit zu tun, dass du Druck auf dich selbst ausübst. Diesen Druck solltest du loslassen und den Atem nicht manipulieren.

F: Ist es in Ordnung, wenn bei der ersten meditativen Vertiefung Visionen auftauchen? So etwas wie ein schwarzes Loch wird zu einem schwarzen Gang, zu einem sehr langen, schwarzen Tunnel, der sich plötzlich in ein dunkles und mit Sternen übersätes Universum öffnet.
A: Dazu hat Johannes Tauler, ein christlicher Mystiker des Mittelalters, auch etwas Interessantes zu sagen: „Der Mensch lasse die Bilder der Dinge ganz und gar fahren und halte seinen Tempel leer. Denn wäre der Tempel entleert und wären die Fantasien, die den Tempel besetzt

halten, draußen, so könntest du ein Gotteshaus werden und nicht eher, was du auch tust. Und so hättest du den Frieden deines Herzens und Freude und dich störte nichts mehr von dem, was dich jetzt ständig stört, dich bedrückt und dich leiden lässt." Wahrscheinlich haben auch ihn die Menschen nach den Bildern gefragt, und er hat sehr deutlich geantwortet, was zu tun ist. Die Bilder sind ein Anfüllen von uns selbst mit unseren Vorstellungen und nicht das Erleben der inneren Wahrheit. Ein schwarzer Tunnel und ein Universum mit vielen Sternen sind nicht die innere Wahrheit, sondern eine Vorstellung, die du so schnell wie möglich loslassen und dich stattdessen dem inneren Erleben zuwenden solltest.

F: Ich scheine in der Meditation meist dann in eine meditative Vertiefung zu kommen, nachdem mein Körper ganz fein mit meinem Herzschlag vibriert. Gebe ich mich dem hin, hört es auf und ein Gefühl der Ausdehnung und tiefen Ruhe breitet sich aus. Ist das falsch?

A: Das ist ganz richtig. Das Gefühl der Ausdehnung und das Verlieren der Grenzen des Körpers sind Empfindungen in der ersten meditativen Vertiefung. Die Ruhe, die sich dabei zeigt, ist ein Resultat davon, dass wir das Gefühl haben, uns konzentrieren zu können, ohne zu denken. Ist dieses Gefühl der Ausdehnung dann einige Zeit unser Meditationsobjekt, so ist der nächste Schritt die Freude oder Glückseligkeit, auf die dann die Zufriedenheit oder Ruhe folgt. Der hier beschriebene Weg dorthin ist vollkommen in Ordnung, besonders dann, wenn er jedes Mal funktioniert.

F: Kann es bei der meditativen Vertiefung auch vorkommen, dass wir die erste Stufe nicht stark empfinden und dann sofort in der zweiten oder dritten Stufe ankommen?

A: Das kann natürlich geschehen, aber am Anfang ist es absolut nötig, alle Stufen kennen zu lernen. Ansonsten schadet es nichts, wenn die erste Stufe nicht sehr stark ist. Sollte die erste meditative Vertiefung, das entzückende Empfinden, überhaupt nicht gekommen sein, sondern gleich die Glückseligkeit und die Zufriedenheit, so können wir rückwärts von der dritten meditativen Vertiefung zurück zur zweiten und zur ersten gehen. Es ist wichtig, alle verschiedenen Stadien genau zu kennen, sodass wir eines Tages auch von jeder Stufe zu jeder Stufe springen können, weil wir sie genau kennen.

F: Seit Monaten versuche ich auf den Rat von jemandem hin, die Achtsamkeit auf den Atem an der Nase zu konzentrieren, was mir jedoch kaum gelingt. Ich glaube, mein Atem ist zu fein oder jedenfalls wird er das nach ein paar Sekunden, sodass ich ihn an der Nase nicht mehr spüren kann. Gibt es nicht jemanden, der auch durch Konzentration auf einen Punkt am Bauch erleuchtet wurde? Das ginge bei mir jedenfalls besser.

Ich brauche oft nur das Wort „Freude" oder „Liebe" zu denken, und schon breitet sich ein beglückendes Gefühl um Brust und Kopf aus, das von Licht begleitet wird. Auf die Art fällt es mir leichter, mich zu konzentrieren, wobei etwas Gerede im Kopf schon noch da ist, aber phasenweise nur sehr entfernt. Dabei bin ich jedenfalls viel konzentrierter als bei der schwierigen Atembetrachtung. Was rätst du mir?

A: Wenn diese Möglichkeit gegeben ist, dann ist die Atembetrachtung vollkommen unnötig. Das Wort Freude oder Liebe zu denken und dadurch ein beglückendes Gefühl um Brust und Kopf, begleitet von Licht, zu haben und sich darauf zu konzentrieren, genügt vollkommen. Methoden sind nichts anderes als Methoden, und die Atembetrachtung ist nur eine Methode. Dass es so schwierig ist, auf dem Atem zu bleiben, liegt daran, dass er so leicht und so fein geworden ist, weil die Konzentration da ist. Deshalb ist die Atembetrachtung nicht mehr nötig. Wir können für ein paar Minuten damit beginnen, aber es ist nicht unbedingt nötig. Stattdessen können wir sofort damit anfangen, dieses Wort zu denken, aber natürlich nicht alleine dieses Wort. Wir richten dabei die Achtsamkeit auf das Gefühl. Sobald das beglückende Gefühl gekommen ist, das von Licht begleitet wird, dann können wir zwar für einen Moment auf dem Licht bleiben, aber das Meditationsobjekt ist das beglückende Gefühl. Wenn sich dieses Gefühl um Brust und Kopf ausbreitet, dann könnten wir es noch weiter ausbreiten und es als Meditationsobjekt soweit wie möglich über den Körper verbreiten. Den Atem zu betrachten, ist also vollkommen unnötig, weder im Bauch noch an der Nase, denn es sind nur Methoden, die dazu führen sollen, das beglückende Gefühl zu erleben.

Dass in der ersten meditativen Vertiefung, diesem beglückenden Gefühl, noch Gerede da ist, ist nicht ungewöhnlich. Es ist wichtig, dass wir uns so intensiv mit dem Gefühl befassen, damit das Gerede im Geist aufhört. Dann gehen wir von der Stelle im Körper, an der das Gefühl lokalisiert ist, weg und gehen nur auf das

Gefühl, das dann die zweite meditative Vertiefung ist. Die erste meditative Vertiefung ist noch körperlich und die zweite ist reines Gefühl. Es ist natürlich leichter, uns dem hinzugeben, wenn wir wissen, dass der Weg richtig ist. Je mehr wir uns hingeben, desto weniger erzählt der Geist, was ja hier auch phasenweise und entfernt geschieht. Das ist ein typisches Beispiel dafür, dass es sich um die erste meditative Vertiefung oder auf jeden Fall den Anfang davon handelt. Kommt das sehr schnell, dann ist es auch ein gutes Zeichen. Deshalb solltest du auf diesem Weg so weitermachen, ohne den Atem zu betrachten. Das Atmen geschieht automatisch.

F: Bitte erläutere, wie wir die Praxis der meditativen Vertiefungen mit den vier *Brahmavihāras* verbinden können, vor allem mit *Mettā* und *Karuṇā*.
A: Ich nehme an, dass hier gemeint ist, wie wir die vier *Brahmavihāras*, die vier göttlichen Verweilungsstätten – Liebende-Güte, Mitgefühl, Mitfreude und Gleichmut – als Zugang zu den meditativen Vertiefungen verwenden können. Am besten eignet sich dazu die Liebende-Güte. Wenn wir bei der Liebenden-Güte-Meditation leicht in das Gefühl der Herzenswärme eintreten und es empfinden können, dann können wir die Gedanken, die uns dazu geführt haben, loslassen und die Empfindung der Herzenswärme als ersten Schritt zur ersten meditativen Vertiefung verwenden. Natürlich müssen wir dazu in der Lage sein, erstens einmal dieses Gefühl der Herzenswärme zu halten und zweitens auch zu erweitern, sodass wir vollkommen damit angefüllt sind und das Gefühl nicht nur an einer kleinen Stelle spüren. Das

ist eine Möglichkeit des Zugangs, die vielen Menschen leichter fällt als mit der Atembetrachtung. Wenn jemand Schwierigkeiten damit hat, mit der Atembetrachtung zur ersten meditativen Vertiefung zu gelangen, so kann dieser Mensch das auch mit der Liebenden-Güte-Meditation versuchen. Die Liebende-Güte-Meditation geschieht zuerst einmal gedanklich und in der Vorstellung, die dann aber in ein Gefühl übergeht, ein Gefühl der Ausdehnung, ein Wärmegefühl, das im Allgemeinen in der Mitte des Brustkorbs entsteht und ein Fließen und Sich-Hingeben ist.

Können wir die meditativen Vertiefungen, dann erleben wir in der zweiten meditativen Vertiefung sehr häufig statt der Freude ein unendliches Liebesgefühl, das in anderen Religionen ganz anders erklärt und bezeichnet wird. Aber unsere Worte sind sowieso nur Konzepte und keine Tatsachen, die das sind, was wir fühlen. Worte sind zwar Konzepte, aber anders können wir unsere Erlebnisse weder mitteilen noch kommunizieren. In der zweiten meditativen Vertiefung kommt sehr häufig die Empfindung einer unendlichen Erweiterung und Umarmung hoch, das jedoch unpersönlich ist. Dieses Gefühl kann sowohl in der zweiten meditativen Vertiefung geschehen als auch der anfängliche Zugang zur ersten meditativen Vertiefung sein. Dafür ist es auf jeden Fall sehr hilfreich.

F: Bitte bestätige meine heutigen Erfahrungen und sage bitte, worum es sich dabei handelt. Nach Aufkommen der Konzentration fühlte ich in mir eine leichte Bewegung nach oben und in die Weite. Sogleich stellte sich ein angenehmes Körpergefühl, ein Rieseln, ein. Hierauf bekam ich ein Gefühl der Leichtigkeit und eine feine Schwingung entstand in mir, welche ich als „flimmernde Süße" bezeichnen möchte. Ich meine, dass das die erste meditative Vertiefung war. Durch Konzentration konnte ich das Erlebnis intensivieren, und bei Gedanken wurde es wieder etwas gröber. Wenn dies die erste meditative Vertiefung wäre, so würde mich das sehr freuen, denn ich habe das früher schon öfter erlebt und habe daher einen ausgetretenen Pfad.

A: Ein angenehmes Körpergefühl, ein Rieseln, muss mehr als nur angenehm sein. Für die erste meditative Vertiefung muss es äußerst angenehm sein. Wenn ich zum Beispiel jetzt so hier sitze, dann ist das auch nicht unangenehm, denn ich habe keine Schmerzen, sondern sitze ganz angenehm hier. Mein Körpergefühl ist angenehm, aber wenn ich in die erste meditative Vertiefung gehe, dann besteht der Unterschied darin, dass das Körpergefühl äußerst angenehm und entzückend ist. Und nur dann handelt es sich um die erste meditative Vertiefung. Rieseln ist ein typisches Gefühl bei der ersten meditativen Vertiefung, ebenso ein Gefühl der Leichtigkeit und auch eine feine Schwingung. Davon sollten wir uns die stärkste und angenehmste Empfindung aussuchen, entweder die Leichtigkeit oder die feine Schwingung oder das Rieseln. Denn ein Geist, der von einem zum anderen hin- und herjagt, ist weder einspitzig noch konzentriert. Er erlebt also eine Sache und nicht alle drei, aber am Anfang kann er natürlich alle drei empfinden und sich dann eins davon aussuchen. Es wird erst dann die erste meditative Vertiefung, wenn wir darauf bleiben können. Dass wir durch unsere Konzentration das Erlebnis intensivieren können, stimmt vollkommen. Und ebenso dass die Empfindung gröber wird und sich auflöst, wenn Gedanken kommen. Entweder sind Gedanken da oder das Empfinden. Da der Geist sehr schnell ist, kann er eine ganze Stunde lang vom Gedanken zum Empfinden hin- und herspringen.

Konzentration bedeutet Einspitzigkeit und bei einer Sache bleiben, was wir üben und lernen müssen, aber jeder kann es. Natürlich endet die erste meditative Vertiefung, sobald Gedanken kommen. Sie können jedoch währenddessen vorkommen, und wenn wir durch Denken von dem Gefühl weg kommen, so können wir selbstverständlich immer wieder dahin zurückkehren. Nach dieser Beschreibung ist es anzunehmen, dass es die erste meditative Vertiefung mit Unterbrechungen war.

F: Da mir die acht meditativen Vertiefungen nach intensivem Üben nun wieder vertraut sind, sie mir vor allem große Freude bereiten und sie auch alle genau den Vorstellungen entsprechen, die du uns über die einzelnen meditativen Vertiefungen gegeben hast, scheue ich mich manchmal etwas, immer wieder die Einsichten zu rekapitulieren. Denn mein erkanntes Erleben der diversen Vertiefungen ist im Prinzip immer das Gleiche, seit ich die meditativen Vertiefungen erlebe. Und es ist so, wie es auch von dir erklärt wurde. Obwohl jede Vertiefung immer wieder ein neues Erlebnis ist, das entsteht und vergeht, kommt die Einsicht mir manchmal wie die Wiederholung einer Lektion vor, die mir schon sehr vertraut ist. Oder ist es doch so, dass mit der ständigen Praxis der Meditation auch die Einsichten danach subtiler, weiter und tiefer führend werden? Oder können wir die Einsichten durch die Rekapitulation fallen lassen, wenn wir kein Meditationsobjekt mehr benötigen, um in die meditativen Vertiefungen hineinzukommen? Am Ende der achten meditativen Vertiefung müssten wir uns vielleicht den Weg dahin nicht mehr überlegen, uns jedoch die acht Einsichten immer wieder vergegenwärtigen. Was meinst du dazu?

A: Den letzten Abschnitt der Frage beantworte ich zuerst. Wenn wir den Weg sogar ohne ein Meditationsobjekt können, so brauchen wir uns diesen Weg nicht wieder vor Augen zu führen. Er ist dann so hell beleuchtet, dass wir ihn nicht wieder verlieren, es sei denn, wir hören auf zu üben. Die Vergänglichkeit dieses Erlebens zu betrachten, ist jedoch immer nötig. Geschieht das nämlich nicht, dann kann es dazu kommen, dass wir an den Annehmlichkeiten der meditativen Vertiefungen anhaften oder jedenfalls in Versuchung geraten können, daran anzuhaften.

Wenn die Einsichten aus den meditativen Vertiefungen sich immer gleichen oder ganz ähnlich sind, dann ist diese Rekapitulation wahrscheinlich mechanisch geworden. Das würde ich nicht weiterverfolgen, denn auf diese Art kommt keine neue Tiefe. Die meditativen Vertiefungen sind ein Läuterungsprozess. Deshalb werden – so wie es hier geschrieben steht – mit der ständigen Praxis auch die Einsichten subtiler, weiter- und tieferführend, weil der Läuterungsprozess stärker wird, je öfter wir ihn vornehmen. Das können wir mit einem großen Fleck vergleichen, an dem wir solange immer weiterrubbeln, bis er eines Tages einmal ganz verschwindet. Der Buddha beschreibt das genauso in einer der Lehrreden.

Dass die Einsichten subtiler werden können, bedeutet auch, dass sie zu jeder Zeit kommen können und nicht nur im Anschluss an die meditativen Vertiefungen. Der Läuterungsprozess durch die meditativen Vertiefungen hat zu jeder Zeit einen Niederschlag in den Einsichten, wann immer wir uns einmal ruhig für einen Moment zurückziehen oder irgendetwas Bestimmtes sehen, hören oder an etwas denken. So ist die Möglichkeit der Einsicht immer gegeben. Dass ich die Einsicht besonders nach den meditativen Vertiefungen empfehle, liegt daran, dass der Geist zu dieser Zeit besonders geschmeidig und empfänglich dafür ist.

An dieser Stelle erkläre ich noch einige der zwölf Einsichtsstufen, die wir benötigen, um diesen Einsichtsweg auch systematisch zu gehen. Die erste besagt, dass Körper und Geist zwei sind, auch wenn sie aufeinander angewiesen sind und der Geist bei einem unerleuchteten Menschen auf den Körper reagiert. Gerade in den meditativen Vertiefungen ist das leicht zu erkennen, denn bei den höheren meditativen Vertiefungen geht das Körpergefühl vollkommen verloren, sodass wir wissen, dass die meditativen Vertiefungen nur im Geist erlebt wurden. Der Körper sitzt zwar da, vielleicht sogar mit Schmerzen, aber der Körper stört uns nicht, wenn wir in den meditativen Vertiefungen konzentriert genug sind.

Die zweite Einsichtsstufe beinhaltet, dass alles Entstandene auch wieder vergehen muss, das heißt, dass alles vergänglich ist. Es ist absolut notwendig, sich das immer wieder zu vergegenwärtigen. Es ist viel wichtiger, die Vergänglichkeit dessen, was wir gern haben, zu sehen, als die Vergänglichkeit dessen, was wir sowieso nicht haben wollen. Wenn das, was wir sowieso nicht haben wollen, vergeht, dann freuen wir uns. Diese Freude wollen wir gerne festhalten. Vergeht jedoch etwas, das wir gern haben, dann wird uns viel klarer, dass wir nichts festhalten können. Das sind verschiedene Möglichkeiten, die Einsicht zu vertiefen.

Wenn wir die Vergänglichkeit des Angenehmen, also zum Beispiel der meditativen Vertiefungen, sehen, dann sollten wir die Einsicht so weit vertiefen, dass sich der Geist sofort auf die Vergänglichkeit all dessen, was wir gerne behalten wollen, konzentriert, ob das nun Menschen oder Situationen sind oder ein Gefühl ist. Durch die Vergänglichkeit können wir so die Möglichkeit für Einsicht immer weiter vertiefen, sodass auch das Gefühl aufkommt, dass der Geist aus lauter kleinen Impulsen besteht. Selbst wenn er konzentriert ist, dann besteht die Konzentration aus lauter kleinen Impulsen. Das Erkennen der Vergänglichkeit geht dann tiefer und tiefer und durchdringt uns so, dass es unmöglich wird, sie im täglichen Leben zu vergessen, was eine große Hilfe für unsere Reaktionen bedeutet. Die Vergänglichkeit der meditativen Vertiefungen kann uns dazu bringen, effektiv zu spüren, wie der Geist auch bei Konzentration und Einspitzigkeit in Bewegung ist.

Erst dann wissen wir, was Vergänglichkeit und auch was *Dukkha* ist. Die Einsicht, dass selbst das angenehmste Denken bedingt durch die ständige Reibung der geistigen Bewegung *Dukkha* ist, können wir nur durch das persönliche Erleben erlangen. Mit diesem Wissen und dieser Einsicht sind wir wahrscheinlich ganz davon überzeugt, dass wir aus dieser Ebene herauswollen und -können. Dass der Körper sich ebenfalls ständig bewegt, ist leichter nachzuvollziehen. Das ist nicht ganz so erschreckend, denn wir wissen ja, dass der Körper altert und immer weiter verfällt. Dass sich jedoch der Geist auch ständig bewegt, ist schon sehr eindrucksvoll, wenn wir das spüren. Mit dieser Möglichkeit können wir die Einsichten vertiefen.

Es ist in Ordnung, unsere bereits gewonnenen Einsichten zu rekapitulieren, aber es besteht die Gefahr der mechanischen Wiederholung. Das ist bei allen Dingen, die wir sehr gut können und ständig wiederholen, sehr leicht der Fall, und es geschieht auch andauernd. Zum Beispiel ist uns die Vergänglichkeit unseres Atems gar nicht mehr bewusst, ebenso wenig, dass wir auf den Atem angewiesen sind. Deshalb sollte das Rekapitulieren derselben Einsichten nicht mechanisch vollzogen werden, jedoch können wir uns um deren Vertiefung bemühen. Eine vertraute Lektion ist etwas Gutes, die wir nicht ablehnen, sondern sie im täglichen Leben wiederholen sollten. Es ist bedeutsam, alles, was wir nach und durch die meditativen Vertiefungen gelernt haben, immer wieder im Alltag zu wiederholen.

Die Einsichten, die wir je hatten, verlieren wir nicht mehr. Sie treten jedoch in den Hintergrund, wenn wir sie nicht benutzen. Dann sind sie nicht so zugänglich für uns, wie sie sein könnten. Sind uns unsere Einsichten jedoch zugänglich, dann ändert sich in uns etwas. Jede Einsicht, die wir über uns selbst erlangen, ist ein wertvoller Schatz, den wir immer wieder hochbringen sollten, sodass sie ein Teil von uns wird. Haben sich unsere Einsichten fest in uns verankert, dann verwenden wir sie auch immer wieder. Deshalb ist jede Einsicht wertvoll, auch wenn wir glauben, sie sei nur klein oder auf einer banalen Ebene.

Einsichten über andere Menschen zu bekommen, ist nicht sinnvoll, weil wir uns dann hinreißen lassen, zu be- und verurteilen. Dieser Gefahr sind wir immer ausgesetzt, natürlich auch uns selbst gegenüber. Deshalb gilt auch hier: erkennen, nicht tadeln, ändern. Erkennen bedeutet Einsicht, die das Ziel der Praxis ist. Alles, was wir in uns erkennen, ist auch universell wahr, denn wir sind nicht getrennt vom Universum. So kann Einsicht unseren Horizont immer mehr erweitern, selbst wenn die Meditation noch nicht zu den meditativen Vertiefungen gekommen ist. Wenn wir die Vergänglichkeit auf einer ganz tiefen Ebene erleben, dann sollten wir auch immer wieder versuchen, dieses Erleben zu wiederholen. Dann kann uns letzten Endes überhaupt nichts mehr umwerfen, weil sich ständig alles verändert. Selbst der Geist, den wir dazu erzogen haben, einmal Ruhe zu geben, bleibt auch nicht in einer soliden Position.

F: Seit knapp zwei Jahren übe ich nach deinen Anweisungen die meditativen Vertiefungen und fand auf meinem Übungsweg bisher alles bestätigt, was du über die *Jhānas* gesagt hast. Dennoch beschäftigt mich etwas, das ich einmal in einem Buch gelesen habe, und ich bitte dich, dazu aus deiner Sicht Stellung zu beziehen. Dort stand mehrfach, dass es sich bei den meditativen Vertiefungen um Konzentrationszustände handle, die den Übenden ermutigen, den Verstrickungen des Leidens und der Existenz zu entfliehen, anstatt sich ihnen direkt zu stellen und zu transformieren. Der Buddha hätte die *Jhānas* zwar praktiziert, sie aber schließlich als nicht zur Befreiung führend abgelehnt. Die *Jhānas* hätten wohl in den 2500 Jahren, nachdem der Buddha ins *Parinibbāna* eingegangen ist, ihren Weg zurück in die Lehre gefunden.

A: Es ist meines Erachtens ganz klar, dass das hier Gesagte nicht stimmt. Ich weiß nicht, ob es daran liegt, dass das Buch missverstanden wurde oder der Autor des Buches aus einer anderen Tradition stammt. Der *Pāli*-Kanon, die Überlieferung der Buddhalehre, enthält des Buddhas Weg vom Prinzen Siddhartha Gautama bis zur Erleuchtung. Die *Jhānas* sind dabei das Mittel zum Zweck. Schon mehrmals habe ich erwähnt, dass die ganze Meditation das Mittel zum Zweck der Einsicht ist. Bei dieser Erzählung stimmt es tatsächlich, dass der Buddha die *Jhānas* bei zwei Lehrern gelernt hat, die nichts anderes wussten und geglaubt haben, dass die meditativen Vertiefungen der ganze Weg zur Erleuchtung sei. Jedoch wusste der Buddha, dass die meditativen Vertiefungen zwar ein Mittel sind, aber nicht die Erleuchtung selbst. Daraufhin hat er sich im heutigen Bodhgaya unter den berühmten Bodhibaum alleine hingesetzt und die meditativen Vertiefungen von der ersten bis zur achten und wieder zurück zur ersten durchgeführt. Durch den vollkommen einspitzigen Geist und die vollkommene innere Ruhe hat er sein Erleuchtungserlebnis in den Vier Edlen Wahrheiten formuliert. Die erste besagt, dass Existenz *Dukkha* ist.

Ich habe bereits deutlich erklärt, wie die Einsichten aus den meditativen Vertiefungen uns zu einer anderen Weltsicht führen. Deshalb fordern die meditativen Vertiefungen uns nicht dazu auf, den Verstrickungen des Leidens oder der Existenz zu entfliehen. Es besteht überhaupt kein Zweifel daran, dass wir aus den *Jhānas* Einsichten schöpfen müssen. Doch die meditativen Vertiefungen glätten den Weg und begleiten uns im Allgemeinen auch weiter auf diesem Weg, sodass wir nicht beginnen, nach irgendwelchen anderen Dingen zu suchen. Denn vielleicht haben wir schon gedacht: „Das ist aber schwierig, es muss doch noch etwas Leichteres geben, vielleicht sollte ich mal Tai Chi probieren." Der Gedanke, irgendetwas anderes zu probieren, ist typisch. Mit der Praxis der meditativen Vertiefungen haben wir eine Begleitung auf unserem Weg, die uns erstens einmal viel Einsicht bringt und uns zweitens auch eine innere Festigkeit sowie eine innere Beruhigung verleiht, die uns nicht mehr vom Weg abbringen lässt.

Die meditativen Vertiefungen sind eine verloren gegangene Kunst. Jedoch haben sie sich nicht nachträglich in die Lehre wieder eingeschlichen. Sie sind in fast jeder der 152 Lehrreden der Mittleren Sammlung und auch in anderen Lehrredensammlungen enthalten. Die meditativen Vertiefungen waren in der Buddhalehre immer vorhanden, aber sie wurden nicht mehr geübt. Wer den *Pāli*-Kanon kennt, das heißt die Überlieferung des Buddha, und selbst die meditativen Vertiefungen praktiziert, weiß genau, worum es sich handelt. Wir können jedoch diese verloren gegangene Kunst wieder zum Leben erwecken. Es ist an der Zeit, dass das westliche technische und materialistische Weltbild eine Unterstützung von der Spiritualität und auch von den mystischen Erlebnissen bekommt, die jedem Menschen zugänglich sind.

F: In der Festschrift* wird bei der Beschreibung der meditativen Vertiefungen durch den Ehrwürdigen Nyāṇa-rāma Mahāthera, dem Lehrer von Ayya Khema, öfter der Begriff Gegenbild (*Paṭibhāga-Nimitta*) erwähnt. Entspricht das dem Gefühl als Meditationsobjekt während der meditativen Vertiefung? Wie kommt es zu dieser Wortbildung?

A: Nein, das bedeutet etwas ganz anderes. *Nimitta* bedeutet Bild, und das Gegenbild kommt zum Vorschein, wenn wir eine der *Kasiṇas* als Meditationsobjekt verwenden. Der Buddha hat 40 verschiedene Meditationsmethoden gelehrt, darunter auch zehn *Kasiṇas*. Bei den *Kasiṇas* werden in der Regel Farbscheiben benutzt, anstatt den Atem zu betrachten. Dazu hängen wir uns eine solche Farbscheibe auf, schauen sie an und schließen dann nach einer Weile die Augen. Ist das Bild dieser Farbscheibe vollkommen klar und unerschütterlich in uns gefestigt und bewegt es sich nicht mehr, dann haben wir das Gegenbild. Ein visuell veranlagter Mensch kann das machen, ohne sich eine solche Farbscheibe aufzuhängen. Bei manchen Menschen, die mit der Atembetrachtung große Schwierigkeiten haben, kann sich eine solche Farbscheibe spontan zeigen. Dann sollten sie diese als Meditationsobjekt verwenden. Mit der Farbscheibe kön-

---

* *Erkennen, nicht tadeln, ändern.* Eine Festschrift zum 70. Geburtstag der Ehrwürdigen Ayya Khema, Jhana Verlag 1993.

nen sie zur angrenzenden Sammlung kommen und auch in die volle Sammlung, die meditative Vertiefung, übergehen. Der Buddha hat für die Farbscheiben die Farben blau, gelb, rot und weiß erwähnt, außerdem gibt es das Raum- und Licht*kasiṇa*. Für den Raum können wir uns natürlich keine Scheibe aufhängen. Für das Licht wird auch gesagt, dass es zum Beispiel Sonnenlicht sein kann, aber wir können natürlich nicht in die Sonne schauen, sondern wir verwenden dazu Scheinwerferlicht.

Dann gibt es noch die *Kasiṇas* der vier Elemente mit Erde, Feuer, Wasser und Wind. Für Erde können wir zum Beispiel draußen einen runden Kreis in die Erde graben und diesen Kreis betrachten, bis er in uns als Gegenbild erscheint. Im Allgemeinen kommt bei den meisten Menschen, für die das als Meditationsobjekt passend ist, so etwas spontan hoch. Sie müssen sich nicht erst mit dem Gegenbild abquälen, sondern sie haben es sowieso. Meistens beginnt es damit, dass sie irgendeine Farbe sehen, die sich andauernd verändert. Das heißt, sie wird entweder größer oder kleiner, bewegt sich hin und her, und manchmal ändert sich auch die Farbe und ist häufig nicht stetig. Wollen wir das verwenden, dann müssen wir das Bild stabilisieren. Das Gegenbild bedeutet, dass wir das in uns sehen, was wir uns im Außen angeschaut haben. Menschen, die sich dafür eignen, setzen sich auch häufig an einen Teich, den sie dann in sich sehen können, nachdem sie ihn angeschaut haben. Oft zeigt sich auch spontan die Farbe blau. Das Bild wird erst dann zum Gegenbild und ist dazu zu verwenden, wenn es sich nicht mehr bewegt und vollkommen stetig ist. Das kann für diejenigen ein Ersatz für den Atem sein, denen die Konzentration auf den Atem schwer fällt. Das hängt jedoch ganz davon ab, inwieweit wir in uns Bilder und Farben sehen und halten können. Das Halten ist dabei das Schwierige, denn die meisten Menschen können zwar irgendwelche Farben sehen, wenn sie die Augen schließen, aber das ist dann weder ein Gegenbild, noch ein Meditationsobjekt, denn dafür muss das Bild oder die Farbe total stetig bleiben. Die Farbe darf sich nicht mehr mit der Form verändern, sondern muss eine vollkommen gleichmäßige Scheibe sein. Das ist dann das Gegenbild. Wenn jemand diese Methode beherrscht, kann sie unbedingt nutzbringend sein. Aber es sind alles nur Methoden, und jede Methode bleibt eine Methode.

III

Einsicht: Kontemplation

F: Kannst du bitte den Unterschied zwischen Kontemplation, Nachdenken und Grübelei erklären? Ich rutsche mitunter vom einen ins andere, merke es jedoch erst hinterher, wenn es geschehen ist. Dann weiß ich nicht mehr, was war, als ich abgekommen bin.

A: Ich nehme an, dass hier das Nachdenken und die Grübelei nichts mehr mit dem Kontemplationsobjekt zu tun haben. Das nennen wir diskursives Denken. Wir tun es gewohnheitsmäßig und fallen daher auch leicht hinein. Das geht dann so vor sich, dass, wenn zum Beispiel jemand hustet, das in uns ein unangenehmes Gefühl erzeugt, weil wir gerade dabei waren, uns zu konzentrieren. Dann fängt der Geist an zu denken: „Diese Person müsste sich einmal eine Medizin gegen Husten besorgen", und weiter: „Habe ich eigentlich heute Morgen meine Medizin eingenommen?", und: „Wenn ich das nicht tue, dann bekomme ich wirklich noch Schwierigkeiten. Ich habe doch sowieso schon so viele Schwierigkeiten." So könnte diskursives Denken aussehen, weil jemand gehustet hat. Wir alle kennen und tun das. Natürlich wissen wir dann nicht mehr genau, wo wir waren. Auf einmal sind wir bei den eigenen Schwierigkeiten gelandet, anstatt die Kontemplation über die Vergänglichkeit zu machen. Das geschieht jedem ab und zu oder immer wieder. Dann empfehle ich, die Augen zu öffnen, einen neuen Entschluss zu fassen und von vorne zu beginnen. Das diskursive Denken ist dieses Nachdenken. Grübelei bedeutet vielleicht, dass wir uns an irgendetwas festhaken, was wir jedoch nicht erklären können. Darüber können wir dann nächtelang grübeln.

Bei der Kontemplation versuchen wir, auf dem jeweiligen Thema zu bleiben, zu dem wir zurückkehren, sobald wir abschweifen. Ist das Thema zum Beispiel die Vergänglichkeit, dann sollten wir sie innerlich so verspüren, dass sie deutlich wird. Das bedeutet, dass das Thema gefühlsmäßig klar wird und nicht nur intellektuell. Wenn wir diese beiden zusammenbekommen, dann erlangen wir Einsicht und fühlen die Vergänglichkeit. Zuerst steht also der Gedanke, wie vergänglich zum Beispiel unser Atem ist, und dann spüren wir, wie vergänglich und transparent wir eigentlich sind. Wir spüren, dass die Solidität gar nicht vorhanden ist, sondern sich alles die ganze Zeit bewegt und ändert. Das Gefühl dafür hilft uns dann, mehr Einsicht zu erlangen. Wenn der Geist zwischendurch abrutscht, dann holen wir ihn wieder liebevoll, aber bestimmt, zurück.

F: Was ist genau der Unterschied zwischen Betrachtung, Kontemplation und Denken? Ist alles Denken in Bahnen der Buddhalehre Kontemplation, sofern ich die Lehre auf mich beziehe und versuche, sie gefühlsmäßig zu erleben beziehungsweise nachzuvollziehen?
A: Das stimmt vollkommen. Wir können auch über die Buddhalehre nachdenken, ohne sie auf uns selbst zu beziehen. Sobald jedoch die Lehre etwas mit uns selbst

zu tun hat, so handelt es sich um Kontemplation, die objektiver ist als das gewöhnliche Denken. Das heißt, wir benutzen uns selbst sozusagen als ein Kontemplationsobjekt, stehen uns selbst beobachtend, achtsam und interessiert gegenüber und versuchen zu ergründen, was in uns vorgeht. Denken wir hingegen nur, dann geraten wir fast immer in Versuchung, dieses Denken als unser Eigentum zu betrachten, uns darin zu verlieren und zu glauben, darauf zu reagieren und uns auch dadurch abzulenken und manchmal sogar stolz darauf zu sein. Viele Menschen sind nämlich auf ihr Denken stolz, und manche werden sogar dafür bezahlt. Es besteht also ein Unterschied zwischen Kontemplation und Denken. Kontemplation ist immer hilfreich, wobei das Objekt der Kontemplation nicht das Ausschlaggebende ist, solange es etwas mit uns selbst zu tun hat. Wenn wir uns selbst objektiv gegenüberstehen, dann können wir Achtsamkeit und Wissensklarheit entwickeln, was wir mit Denken allein nicht können. Wenn wir glauben, das Denken gehöre uns, wenn wir unseren Gedanken glauben und darauf reagieren, wenn wir das Denken so nehmen, wie es ist, ohne es zu ergründen, dann können wir in keiner Weise objektiv sein. Beziehen wir jedoch die Buddhalehre auf uns selbst und versuchen wir, sie zu erleben, dann machen wir Kontemplation. Dazu können wir jeden Aspekt der Lehre verwenden, je nachdem, was uns vielleicht besonders anspricht oder bei dem uns bewusst wird, dass wir es noch nicht können. Das ist dann die wichtigste Kontemplation, die wir überhaupt vornehmen können. Haben wir während der Kontemplation erkannt, dass wir etwas unternehmen müssen, und tun das dann auch, so haben wir einen großen Schritt gemacht. Darin besteht der Sinn einer Kontemplation. Die Kontemplationen, die der Buddha empfohlen hat, wie die fünf täglichen Betrachtungen*, die vier Elemente, die Körperteile oder die Vergänglichkeit sind alle sowohl universell als auch individuell gültig. Daraus können wir schlussfolgern, dass eine Kontemplation mit einem universell und individuell gültigen Thema sinnvoller ist als mit einem persönlichen Problem.

Wenn wir ein persönliches Problem haben, das immer wieder hochkommt, dann sollten wir das untersuchen und ihm auf den Grund gehen. Jedoch handelt es sich dabei nicht um eine Kontemplation und das Nachdenken darüber ist weder so beeindruckend noch so einschlagend wie die Kontemplation von Themen, die universell gültig sind. Bei diesen können wir uns in das Ganze einbetten und eine Einsicht erlangen. Ein persönliches Problem zu untersuchen, empfehle ich überhaupt nur, wenn es uns immer wieder ablenkt, bedrückt oder negativ stimmt. Zeigt sich ein persönliches Problem jedoch nur einmal, dann können wir es auch fallen lassen und stattdessen ein Thema von universeller Gültigkeit betrachten. Kontemplation ist ein wichtiger Bestandteil des meditativen Lebens und kann im täglichen Leben immer wieder praktiziert werden. Dazu müssen wir weder auf einem Kissen sitzen noch viel Zeit dafür verwenden. Immer wieder können wir uns an irgendeinen Aspekt der Lehre erinnern und diesen als Kontemplationsobjekt verwenden.

---

*   Siehe Kapitel V, Abschnitt 1, Seite 207.

F: Kannst du bitte genau den Vorgang der Kontemplation erklären? Bei mir läuft es meistens so ab, dass ich entweder das denke, was ich sonst auch über ein bestimmtes Problem schon gedacht habe oder mein zweiter Gedanke mit Egobestätigung zu tun hat. Beides bringt für mich keine Einsicht.

A: Der Vorgang der Kontemplation hängt unter anderem von der Art der Kontemplation ab. Betrachten wir einmal die Kontemplation über die Vergänglichkeit, die zu den einfachsten gehört. Kontemplation ist gezieltes und erkanntes Erleben, aus dem Weisheit entsteht. Die Atemzüge eines jeden Menschen, den es gibt, je gab und je geben wird, sind vollkommen vergänglich, aber dieses Erleben der vergänglichen Atemzüge wird nicht erkannt. Meistens ist es sogar eine große Tragödie, wenn wir plötzlich in irgendeiner Weise am Atmen gehindert werden, wie beim Ersticken oder Ertrinken oder bei Asthma. Im täglichen Leben kümmert sich sonst keiner darum, dass der Atem ein vollkommen vergänglicher Luftzug ist und bleiben muss, wenn wir am Leben bleiben wollen. Die Vergänglichkeit des Atems zu erkennen, ist erkanntes Erleben. Wenn wir die Vergänglichkeit der Gedanken erkennen, dann erleben wir, wie die Gedanken kommen und wieder gehen.

Kontemplation ist also ein gezieltes erkanntes Erleben. Dabei beschäftigen wir uns entweder mit Vergänglichkeit, *Dukkha*, der Ich-Bezogenheit, dem eigenen Karma oder dem eigenen Tod. All das zielt auf ein Thema ab und kann zum erkannten Erleben werden. Wenn wir die Kontemplation dazu verwenden, um über ein Problem nachzudenken, so wie es hier angeschnitten wird, dann wird nichts daraus. Bei der Kontemplation benutzen wir keine persönlichen Probleme, sondern die Naturgesetze, die wir uns so anschauen, wie sie uns ständig berühren.

F: Ich habe einige Anmerkungen und Fragen zu den fünf täglichen Betrachtungen[*]. Ich bin 29 Jahre alt und fühle mich im Aufbau meines Geistes und meines Lebens und nicht im Verfall. Ich hatte zwar schon Krankheiten, aber das muss doch nicht heißen, dass ich wieder welche bekomme. Warum muss alles, was mein und mir lieb ist, sich ändern und entschwinden? Solange ich noch nicht tot bin, bleiben doch manche Dinge, die mir lieb sind, zum Beispiel die Zuneigung eines anderen Menschen, Edelsteine oder der Mond. Oder nicht? Bitte sage mir etwas dazu, damit ich das besser verstehen kann.

A: Ich werde dazu etwas sagen, was der Buddha erklärt hat und helfen könnte. Der Buddha hat oft gesagt, dass es vier Arten von Menschen gibt. Bei der einen Art brauchen die Menschen nur von Verfall, Krankheit, Tod und Leid zu hören, damit sie sich sofort hinsetzen, anfangen zu praktizieren, und sich der Lehre so hingeben, dass es ein anderes Innenleben hervorbringt. Bei der zweiten Art genügt es den Menschen nicht, das zu hören oder vielleicht zu sehen oder darüber zu lesen, sondern sie müssen es effektiv bei Freunden oder Bekannten erleben, um anzufangen zu praktizieren. Bei der dritten Art müssen es die Menschen in der eigenen Familie erleben, damit sie mit der spirituellen Praxis beginnen. Bei der vierten

---

[*] Siehe Kapitel V, Abschnitt 1, Seite 207.

Art müssen die Menschen Krankheit, Verfall, Leid oder Schmerz selbst erleben, um sich dem spirituellen Weg zu widmen. Mit 29 Jahren zu sterben, ist überhaupt nicht ungewöhnlich. Es geschieht häufig. Diese vier Arten von Menschen gab es damals und gibt es auch heute noch. Zu welcher Art wir gehören, so reagieren wir.

F: Wenn bei der Kontemplation der fünf täglichen Betrachtungen[*] negative Empfindungen hochkommen, soll ich diese dann durch positive Gefühle ersetzen oder Liebende-Güte einsetzen? Oder soll ich erst einmal weiterhin betrachten und anschauen, welche Empfindungen noch kommen?

A: Bei der Kontemplation mit den fünf täglichen Betrachtungen ist es von großer Hilfe, die eigenen Widerstände und Ablehnungen kennen zu lernen, ohne dass wir uns mit ihnen identifizieren. Sollten wir das tun, dann sagt der Geist: „Was soll denn das mit dem Tod? Man holt sich ihn nur herbei, wenn man daran denkt." Dann haben wir uns mit der Ablehnung des eigenen Todes identifiziert. Stattdessen schauen wir uns diese Ablehnung an und fragen einmal nach, weshalb wir sie spüren. Jede Antwort stellt wieder eine neue Frage dar. Das ist der Weg der Einsicht. Setzen wir die Liebende-Güte ein, dann ist es nicht möglich, Einsicht darin zu erlangen, weshalb wir ablehnend sind. Betrachten wir unsere eigenen Feindseligkeiten, dann könnten wir sie auch mit Liebender-Güte ersetzen, wenn es uns gelingt. Aber dann haben wir keine Einsicht, wieso sie hochgekommen sind. Die

---

[*] Siehe Kapitel V, Abschnitt 1, Seite 207.

Kontemplation dient dazu, ein objektives Bild von uns selbst statt der Identifikation zu bekommen. Das kann sehr hilfreich sein und uns viel Neues zeigen.

F: Ich bin mir nicht sicher, ob ich die Bedeutung der Kontemplation richtig erfasst habe. Ist es Kontemplation, wenn ich ein Problem habe, zum Beispiel eine schwierige Situation oder eine Lebensfrage, die mich beschäftigt und die ich nun in Ruhe für mich allein beleuchte, und zwar dergestalt, dass ich versuche genau hinzuschauen, worin mein Anteil an dem Problem oder an der schwierigen Situation besteht, beziehungsweise warum mich die aufgetretene Lebensfrage jetzt so sehr beschäftigt? Ist dieser Vorgang, Erkenntnis über mich selbst zu erlangen, Kontemplation?

A: Im Allgemeinen nennen wir das hier Beschriebene „Probleme wälzen" und nicht Kontemplation, die sich mit universellen Wahrheiten, wie Verfall, Krankheit, Tod oder Karma, beschäftigt. Diese universellen Wahrheiten können wir dann auf uns persönlich beziehen. Wenn persönliche Probleme universell sind, dann können wir sie verwenden. Ist das Problem jedoch rein persönlich, dann gehen wir den umgekehrten Weg, indem wir die universelle Wahrheit darin sehen und untersuchen, wie sie auf uns selbst passt. Die eigenen Probleme hin und her zu wälzen, ist auf dem spirituellen Weg nicht sehr hilfreich. Wenn wir nämlich praktizieren, üben, meditieren, im täglichen Leben den Läuterungsprozess nicht vergessen und häufig daran denken, gutes Karma zu machen, dann ändern sich diese Probleme so total, dass sie ganz anders aussehen und am Ende überhaupt nicht mehr existieren. Vielleicht können wir bei unseren persönlichen Problemen auch erkennen, dass sie nur aufgrund von ausgeprägter Ich-Bezogenheit entstanden sind. In diesem einzigen Fall ist es lohnenswert, persönliche Probleme zu untersuchen.

F: Die Kontemplation ist mir noch nicht ganz klar. Soll ich mir zum Kontemplationsgegenstand Gedanken machen, die mich persönlich betreffen? Oder soll ich mich da hineinfühlen? Oder soll ich meine Gedanken und Gefühle hinterfragen? Bitte verzeihe mir meine Begriffsstutzigkeit und erkläre es noch einmal.

A: Es ist nicht ungewöhnlich, dass gerade Kontemplation unklar ist. Denn wir sprechen immerzu davon, bei der Meditation das Denken einmal aufzugeben, und bei der Kontemplation brauchen wir die Gedankenformationen. Sowohl die Gedanken als auch die Gefühle spielen eine große Rolle bei der Kontemplation. Der Satz, den wir verwenden, ist ja schon ein Gedanke. Sind wir dann achtsam auf uns selbst, können wir sehr leicht spüren, dass da ein Gefühl hochkommt. Beispielsweise können wir bei dem Satz: „Alles, was mein und mir lieb ist, muss sich ändern und entschwinden", sofort Widerstand spüren. Und dieses Gefühl hinterfragen wir dann. Ist bei dem Satz selbst das Gefühl noch nicht hochgekommen, so benutzen wir den Gedanken: „Was wäre, wenn es so wäre?" Oder wir fragen uns zum Beispiel, welche Gefühle in uns unser eigener Verfall auslöst. Ist das total in Ordnung oder haben wir etwas dagegen? Wäre es uns lieber, wenn das nicht geschehen würde? All das sind die Gefühle. Sobald wir sie erkennen, können wir sie hinterfragen. Bis es soweit ist, können wir die Gedanken auf diesem

Kontemplationsgegenstand, der uns immer persönlich betreffen sollte, halten.

F: Wie kann ich ernsthaft die Kontemplation: „Möge ich frei sein von körperlichen und geistigen Schwierigkeiten" machen und andererseits täglich die Tatsache betrachten, dass ich der Krankheit nicht entgehen kann? Da hoffe ich doch etwas, das ich gleichzeitig als unmöglich erachte. Und dasselbe gilt für das Beschützen des Glücks, denn ich muss andererseits alles mir Liebe verlieren.

A: Das Äußere und das Weltliche sollten wir aufgeben. Deshalb sollten wir uns aber überhaupt einmal hineindenken können. In dieser materialistischen und technokratischen Gesellschaft, in der wir leben, sind jedoch die spirituellen und religiösen Wege so verschüttet, dass es schwierig ist, überhaupt etwas anderes als das zu sehen, womit wir immer umgeben sind. Glück ist nicht, was wir im Allgemeinen glauben, dass es sei. Wir können ein ganz anderes Glück erleben. Heute habe ich von der zweiten Ebene des Glücks gesprochen, der unpersönlichen, bedingungslosen Liebe. Weiterhin gibt es die dritte Ebene des Glücks durch die Meditation und die vierte Ebene durch die Einsicht. Unser Glück dieser Ebenen zu beschützen bedeutet, dass wir uns nicht in das weltliche Geschehen hineinziehen lassen. Wir kommen unseren Verantwortungen und Pflichten zwar nach, aber immer mit dem Bewusstsein, dass es noch etwas ganz anderes gibt. Das Thema der geistigen und körperlichen Schwierigkeiten bei der Kontemplation habe ich auch schon angesprochen und erklärt, dass der Buddha Folgendes dazu gesagt hat: Ein Erleuchteter wird bei körperlichen Unannehmlichkeiten von einem Pfeil getroffen und ein Unerleuchteter von zwei Pfeilen. Das bedeutet, unseren Geist derart zu schulen, dass wir die körperlichen und die geistigen Schwierigkeiten nicht mehr als Schwierigkeiten betrachten, sondern einfach als Naturgesetz. Das bedeutet die Einsicht, auf die wir in der Kontemplation hinarbeiten.

F: Kannst du bitte den Satz: „Alles, was mein und mir lieb ist, muss sich ändern und entschwinden" etwas erklären? Denn er löst in mir nur Widerstand aus.
A: Nicht der Satz, sondern die Tatsache löst den Widerstand aus. Jedoch sind die Naturgesetze nun einmal so. Der Widerstand, den wir gegen die Naturgesetze haben, kommt immer wieder hoch. Das können wir an unseren Wäldern, Seen, Flüssen und Ozeanen sehen, wo wir überall eingegriffen haben. Sehr häufig resultieren daraus Unglücksfälle. Bei uns selbst passen uns die Naturgesetze auch nicht. Wieso ist das so? Weil die Naturgesetze uns sehr deutlich zeigen, wie klein und unbedeutend jeder von uns ist. Wer will das jedoch wissen? Wenn wir den Satz: „Alles, was mein und mir lieb ist, muss sich ändern und entschwinden" als Angriff auf unsere Selbstbehauptung verstehen, dann kommt natürlich Widerstand dagegen auf. Diesen Widerstand sollten wir erkennen und befragen. Wir können uns zum Beispiel befragen, wieso uns das nicht passt und ob wir vielleicht behaupten können, dass das nicht stimmt. Denn dann müssten wir uns nicht weiter damit beschäftigen. Wenn der Satz jedoch stimmt, dann können wir uns allerdings weiterfragen, was wir denn stattdessen wollen. Möchten wir vielleicht

5000 Jahre lang leben? Oder wollen wir, dass alles, was wir „mein" nennen, ständig bei uns bleibt, das heißt auch all das Unangenehme? Worum geht es uns eigentlich? Das ist eine sehr interessante Untersuchung.

F: Kannst Du bitte noch einmal den Satz der Lieben-den-Güte-Kontemplation[*]: „Möge ich keine anderen Lebewesen verletzen" erläutern? Wie gehe ich denn mit Erwartungen anderer an mich um, die mir zu viel sind und ich deshalb zurückweisen möchte, ohne dass ich diesen Menschen Kummer zufüge? Zum Beispiel sind mir die Fürsorge meiner Mutter und ihre Erwartung, mich um ihre Ängste zu kümmern, zu viel. Oder was spiegelt das von mir?

A: Da wird fehlendes Mitgefühl gespiegelt. Der Buddha hat hinsichtlich der Eltern gesagt, dass, wenn wir den Rest unseres Lebens unsere Mutter auf der linken Schulter und unseren Vater auf der rechten Schulter tragen würden, wir trotzdem nicht das zurückzahlen könnten, was sie für uns getan haben, als wir noch nicht für uns selbst sorgen konnten, einschließlich der Tatsache, dass sie uns das Leben geschenkt haben. Wir sollten immer wieder Mitgefühl mit den eigenen Eltern üben.

F: Mit den Kontemplationen habe ich Schwierigkeiten. Wenn ich beispielsweise über meine Vergänglichkeit nachdenke, dann benötige ich dafür etwa fünf Minuten. Was mache ich jedoch mit dem Rest der Zeit?

A: Statt über die Vergänglichkeit nachzudenken, sollten

---

[*] Siehe Kapitel V, Abschnitt 2, Seite 208.

wir sie in der Kontemplation empfinden. Das dauert länger als fünf Minuten, und der Unterschied ist himmelweit. Unser Wissen und das, was wir effektiv auch leben können, sind sehr oft so weit voneinander entfernt, dass es überhaupt nicht mehr in Beziehung zueinander steht. Immer wieder erwähne ich solche Sätze wie: „Liebe deinen Nächsten wie dich selbst." Das wissen wir alle, aber wer setzt es auch tatsächlich um? Bei den Sätzen: „Wie du säst, sollst du ernten", oder: „Geben ist seliger denn nehmen", gilt dasselbe. Jeder weiß es und nur wenige leben danach. Wir sollten zuerst einmal feststellen, dass die Vergänglichkeit überall in uns vorhanden und es unmöglich ist, etwas Unvergängliches zu finden. Dann können wir diese Vergänglichkeit in uns selbst immer wieder so hochbringen, dass wir dazu einen direkten und persönlichen Zugang sowie Verbindung herstellen. Dann wird sie eines Tages als Empfindung zur zweiten Natur. Meistens empfinden wir uns als Frau oder Mann, als groß oder klein, als ärgerlich oder erfreut. All das sind Identifikationen, ebenso wie: „Ich bin Mutter", oder: „Ich bin Tochter", oder: „Ich bin Freundin oder Freund", oder: „Ich bin Ärztin", oder: „Ich bin Rechtsanwalt", oder: „Ich bin Schreiner." Wir haben eine ganze Liste von Identifikationen, die alle „Ich" ausmachen. Wenn wir morgens früh aufstehen, dann wissen wir nicht nur: „Das bin ich", sondern vor allen Dingen auch: „Ich bin noch müde und möchte gar nicht aufstehen." Das Resultat der Konzentration ist nicht eine dieser Identifikationen, sondern zu empfinden, dass wir vergänglich sind. Das ist dann der Ersatz für all diese Identifikationen und dauert länger als fünf Minuten. Es geht nicht darum, einfach einen

Satz zu denken. Denn bei all unseren Identifikationen müssen wir gar nicht mehr denken, sondern wir wissen und fühlen sie. Auch über die Vergänglichkeit brauchen wir eines Tages nicht mehr nachzudenken, sondern dann wissen und fühlen wir sie und sind damit identifiziert. Jedoch dauert es bis dahin eine Weile.

F: Muss ich nicht schon die Heimat meines Geistes gefunden haben, um mich zu trauen, die fünf täglichen Betrachtungen ehrlich und emotional tief greifend durchzuführen? Zum jetzigen Zeitpunkt, da ich noch keine Zuflucht in mir finden konnte, würde mir das richtige Erkennen dieser Naturgesetze den Boden unter den Füßen wegreißen. Daher habe ich mir zum Schutz statt der fehlenden Zuflucht viele Fluchtmöglichkeiten aufgebaut.

A: Ich glaube kaum, dass das Erkennen des Naturgesetzes von Karma uns den Boden unter den Füßen wegreißt, wenn wir uns vornehmen, gutes Karma zu machen. Ich schlage daher vor, dir die Betrachtung über Karma vorzunehmen. Wie machen wir gutes Karma? Wie können wir damit beginnen, und wie können wir es fortführen? Denn je mehr gutes Karma wir machen, desto mehr Unterstützung haben wir auch für die Meditation.

F: Bei der Kontemplation heute über das Thema Karma haben sich bei mir starke Gefühle aufgebaut, in die ich mich habe hineinfallen lassen. Nach einer Weile des Hingebens kamen Bilder hoch, die neue Gefühle weckten und Emotionen hervorriefen. Es war wie ein Film über Ereignisse aus meinem Leben, an die ich mich kaum noch erinnern konnte. Das alles spielte sich tief in meinem Inneren ab, sodass ich mir nach der Kontemplation nicht sicher war, ob dies eine Kontemplation oder Meditation oder beides war. Kann bei einer Kontemplation beides auftreten?

A: Das ist selbstverständlich möglich, denn etwas Einsicht bringt etwas Ruhe und etwas Ruhe bringt etwas Einsicht. Wenn wir eine Kontemplation durchführen und dabei Einsichtsbilder kommen, die aus dem eigenen Leben stammen, so können wir immer davon ausgehen, dass daraus Einsicht entsteht. Handeln diese jedoch von anderen Menschen oder von Blumenwiesen, so sind das lediglich Ablenkungen. Bei Ereignissen aus dem eigenen Leben kommt Einsicht, die den Geist dann auch zu einem gewissen Ruhegefühl bringt, sodass er das Gefühl hat, in die Tiefe zu gehen. Betrachten wir unser eigenes Karma ganz objektiv und ohne Reue über die Dinge, die wir glauben versäumt zu haben oder nicht hätten machen sollen, dann kann die Kontemplation in einen meditativen Zustand übergehen. Beides zusammen ist also sehr leicht möglich.

F: Seit den Kontemplationen über Vergänglichkeit, Tod, Verfall und Krankheit habe ich einen Ring um mein Herz und einen Kloß im Hals, auch außerhalb der Meditation. Was kann ich da tun?

A: Ein Kloß im Hals bedeutet meistens Angst, ebenso ein Ring ums Herz. Die Angst solltest du erkennen und befragen, wovor du Angst hast. Hast du bis jetzt so getan, als ob Tod, Verfall und Krankheit für dich nicht existierten und du sie von daher nicht zu beachten bräuchtest?

In diesem Fall solltest du die Angst untersuchen. Wenn der Geist so negativ reagiert, dass er sich überhaupt nicht aus dieser Negativität erheben kann, auch nicht durch Befragen der Angst, dann gibst du vorläufig diese Kontemplation auf. Stattdessen kannst du die Elemente betrachten und dich selbst darin erkennen. Auch das ist hilfreich, um an der Ich-Illusion etwas zu rütteln und ein neues Bild von Zusammengehörigkeit zu bekommen. Wenn es möglich ist, lösen wir die in der Kontemplation entstehende Negativität auf, und widmen uns dann der Kontemplation. Sollte das nicht möglich sein, dann machen wir eine andere Kontemplation, bis sich der Geist schon etwas mehr daran gewöhnt hat zu akzeptieren, wie die Dinge wirklich sind.

F: Mich beschäftigen mehrere innere Erkenntnisse. In einer Kontemplation versuchte ich, mir meinen eigenen Körper als Leichnam vorzustellen, so wie ich schon oft berufsbedingt viele tote Menschen gesehen und angefasst habe, deren Körper kalt, wächsern, eingefallen und starr war. Als mein Geist darauf mit Einverständnis damit reagierte, ließ ich die Vorstellung hochkommen, es sei jetzt in diesem Moment der Tod da. Sogleich kam Ablehnung hoch und viele Argumente, weshalb ich meinen Tod jetzt nicht akzeptieren kann. Ich fühlte mich also persönlich berührt. Und das war der Auslöser zur Untersuchung, bei welchen Gelegenheiten ich mich stark berührt fühle. Hier folgt ein Teil meiner gedanklichen Ausbeute: Wenn meine Meinungen in Frage gestellt oder unterstützt werden, berührt mich beides emotional, das eine negativ, das andere positiv. Das bedeutet also, dass ich mich mit

meinen Meinungen identifiziere. Außerdem identifiziere
ich mich mit meinen Erlebnissen. Das wird mir bewusst,
wenn meine Erlebnisse in Frage gestellt oder unterstützt
werden. Das kann sowohl in meinen Gedanken als
Selbstbestätigung durch Denken als auch durch andere
Personen geschehen. Außerdem berührt mich Tod oder
Unglück, was all meinen mir lieben Menschen oder gar
mir selbst passieren kann. Ebenso berührt mich Tod oder
Unglück von mir persönlich nicht nahe stehender Menschen, wenn ich mich mit deren Situation identifizieren
kann, zum Beispiel bei ähnlichen Familienstrukturen.
A: Das emotionale Berührtsein vom Tod oder dem Unglück anderer ist sehr wertvoll im Hinblick auf Mitgefühl, das jedoch einen gewissen Gleichmut in sich tragen
muss. Es ist nämlich überhaupt nicht sinnvoll, wenn
ein anderer ein Unglück erlebt, dann selbst unglücklich
zu werden, da es dem anderen überhaupt nichts hilft.
Das Mitgefühl sollte die Weisheit in sich tragen, dass
das menschliche Leben eben so ist. Wenn Tod oder Unglück uns nahestehende Menschen betrifft und wir uns
deshalb unglücklich fühlen, so bedeutet das wieder die
Selbstidentifikation.

F: Wie kann ich die fünf täglichen Betrachtungen* für
mich wirklich erlebbar machen? Wie kann das Untersuchen, das mir fehlt, aussehen?
A: Zum Beispiel könnten wir uns im Hinblick auf die
Betrachtung des Todes fragen, ob wir gewillt sind, heute
zu sterben. Wenn wir dies nicht sind, dann fragen wir

---

* Siehe Kapitel V, Abschnitt 1, Seite 207.

weiter, warum nicht. Es ist recht einfach zu untersuchen, weshalb wir heute nicht sterben wollen. Weil wir noch so viel vorhaben? Oder worum geht es uns? Was ist für uns das Wichtigste im Leben? Wir können uns auch fragen, ob wir dem Verfall lieber nicht unterworfen sein wollen. Sind wir deshalb bedrückt und versuchen wir, ihn irgendwie zu vertuschen? Weiterhin können wir untersuchen, ob wir uns bei jedem Gedanken, jedem Wort oder jeder Tat daran erinnern, gutes Karma zu machen. Oder wie oft vergessen wir das? In dem Moment, da wir uns auf diese Art untersuchen, lernen wir uns besser kennen. Es sind einfache, naheliegende Fragen. Eine wichtige Untersuchung ist auch, uns zu fragen, was wir davon halten, wenn unser Tod jetzt – nicht erst in 30 Jahren – eintreten sollte.

F: Bei der Kontemplation über die Vergänglichkeit hatte ich das Bild, dass ich dem Tod die Hand reiche. Bei der Frage, ob wir mitfließen können, sah ich einen Fluss, der sich auf eine große dunkle Höhle zubewegte. Ist die Einstellung in meinem Geist im Moment der Konzentration so vergänglich wie alles andere auch? Oder bleibt ein Eindruck zurück, der den Geist sozusagen formt?
A: Die Einstellung, die wir im Moment der Kontemplation haben, ist natürlich genauso vergänglich wie alles andere auch. Hier nehme ich an, dass auf jeden Fall Zustimmung da war mitzufließen und die Höhle den Tod darstellte. Wenn wir Einsichten bekommen, so ist das wie beim Erlernen einer Fremdsprache. Solange wir diese Fremdsprache nicht benutzen, bleibt sie zwar in unserem Hinterkopf irgendwo bestehen, aber wir können uns nicht

in dieser Fremdsprache unterhalten. Das bedeutet, dass wir jede Einsicht, die wir je bekommen, benutzen und uns immer wieder an sie erinnern müssen. Tun wir das nicht, dann sind die Einsichten zwar vorhanden, aber sie sind weder greifbar noch hilfreich für uns. Deshalb hat der Buddha auch empfohlen, dass wir die Kontemplation über Verfall und Tod täglich machen und ebenso unsere Einsichten immer wieder hochbringen sollten. Machen wir im Alltag sozusagen in der Hitze des Gefechts das, was alle machen, so entsteht daraus keine Einsicht. Auf diese Art nützt uns jede Einsicht, die wir je bekommen haben, nicht viel.

F: Ich versuche öfter, eine Kontemplation über den eigenen Tod zu machen. Doch dazu scheint sich in meinem Innenleben nicht viel zu rühren, aber ich traue der Gelassenheit nicht. Als ich nämlich neulich beim Wasserfall einen großen Schritt über den Abgrund machen musste, spürte ich Angst davor, eventuell auszurutschen. Habe ich also doch Angst vor dem Tod? Sonst rede ich mir ein, dass es nach dem Tod eigentlich nicht schlechter als jetzt werden könnte. Die Betrachtung der 32 Körperteile, Skelette oder Leichen hatte auch keine tiefere Wirkung auf mich. Wie kann ich mich diesen Kontemplationen mehr öffnen?

A: Ich glaube, dass dieses Erlebnis am Wasserfall ein ganz wichtiger Moment war. Dieses Erlebnis, das Spüren der Angst auszurutschen, würde ich als Kontemplationsobjekt verwenden, indem du das Gefühl in der Erinnerung wieder hochbringst. Natürlich ist die Angst dann nicht mehr so stark, denn der Geist sagt: „Wovor hast du denn so Angst, denn du sitzt doch hier ganz ruhig und dir kann gar nichts passieren?" Doch ist die Erinnerung bestimmt stark genug, um diese Angst etwas vermindert wieder zu spüren. Bei der Untersuchung kannst du dich fragen, was bei diesem Ausrutschen hätte geschehen können. Zum einen hättest du deine ganze Kleidung beschmutzen können. Das wäre sicher unangenehm gewesen, weil du dann nicht sehr schön ausgesehen hättest, wenn dich jemand gesehen hätte. Oder du hättest dich verletzen können. Oder hattest du Angst davor, ins Wasser zu fallen und schwer verletzt zu werden? Vielleicht ist dir dabei wirklich schon der Tod vor Augen gekommen? Das kannst du alles untersuchen. Bei all diesen und noch ganz anderen möglichen Antworten sehen wir, dass sich das Ich aufbäumt, weil es nicht sterben will. So kannst du durch dieses Erlebnis erkennen, dass von Sterben-Wollen überhaupt nicht die Rede sein kann.

Hier steht noch der Satz: „Sonst rede ich mir ein, dass es nach dem Tod eigentlich nicht schlechter als jetzt werden könnte." Das ist die Kehrseite der Medaille, der Nicht-Daseins-Trieb, der sich wie in folgenden Sätzen äußern kann: „Es gefällt mir hier überhaupt nicht", oder: „Ich möchte wieder weg sein." Beides ist auf „Ich" aufgebaut. Der Nicht-Daseins-Trieb bedeutet jedoch fehlende Liebe zu sowie eine negative Beurteilung von sich selbst.

Wenn die Betrachtung der 32 Körperteile keine tiefere Wirkung hervorruft, dann war sie zu abstrakt und zu entfernt von uns. Haben wir schon einmal einen Toten gesehen, der uns eventuell nahe stand, dann könnten wir uns vorstellen, dass wir selbst statt dieses Toten daliegen. Wir sehen unsere eigenen Gesichtszüge. Wir begeben uns total in die Tatsache hinein, dass der dort liegende Körper immer kälter und kälter wird, sich auf dem Weg der vollkommenen Verwesung befindet und von all dem, was wir jetzt denken und erleben, nichts mehr wahrnehmen kann. Vielleicht bringt uns das den eigenen Tod näher, aber auch das kann abstrakt und muss kein konkretes Erlebnis sein.

F: Könntest du uns einen Wegweiser hinsichtlich der Kontemplation über „Wer bin ich" geben?
A: Dazu können wir beispielsweise alle Identifikationen, mit denen wir uns verbunden fühlen, einmal vor dem geistigen Auge vorbeiziehen lassen. Von diesen Identifikationen glauben wir ja, dass wir sie sind. Zuerst einmal sollten wir feststellen, was wir glauben, wer wir sind. Es geht nicht darum, was wir darüber gelesen haben oder was doch so schön wäre oder was wir uns einreden, schon zu können, sondern was wir tatsächlich glauben zu sein. Mann oder Frau? Groß oder klein? Dick oder dünn? Klug oder dumm? All diese Identifikationen können wir uns übrigens auch aufschreiben, um dann einmal zu überprüfen, welche davon wirklich stimmen und worauf es zurückzuführen ist, dass wir an sie glauben. Vielleicht können wir uns dabei auch vor Augen halten, dass wir diese Identifikationen, die ja unser Ich-Bild stützen, im Allgemeinen nicht loslassen können.

Manchmal lösen sich diese Identifikationen auch von alleine auf. Zum Beispiel sind wir Ehemann oder Ehefrau. Wenn die Ehe auseinandergeht, haben wir dann eine Identifikation weniger. Oder wir sind Vater oder

Mutter. Stirbt das Kind vielleicht, dann sind wir nicht mehr Vater oder Mutter. Oder wir üben einen bestimmten Beruf aus und gehen in Ruhestand. Sind wir dann zum Beispiel Arzt im Ruhestand? Bei all diesen Identifikationen können wir untersuchen, ob wir das wirklich sind. Je öfter wir das untersuchen, desto mehr wird uns bewusst, dass das alles nichts weiter als Kleidungsstücke sind, in die wir uns eingehüllt haben, damit wir uns nicht so nackt vorkommen. Wenn wir uns nackt vorkommen, dann fühlen wir uns noch mehr von der Welt bedroht. Durch die Kontemplation können wir versuchen, ein paar von diesen Kleidungsstücken abzulegen. Und dann sind immer noch welche da. Es ist ein langsamer Prozess und nicht möglich, alle Identifikationen auf einmal abzulegen. Aber dadurch können wir viele bedeutsame Einsichten dazubekommen, wie schwierig es ist, Mensch zu sein. Das ist so, weil es mit soviel Fantasie und Utopie verbunden ist, dass wir uns nicht auf dem Boden der Realität befinden. Deshalb kann eine solche Kontemplation äußerst hilfreich sein.

F: Kannst du bitte den Unterschied zwischen Kontemplation und Meditation erläutern, zum Beispiel anhand der vier *Brahmavihāras*?

A: Die vier *Brahmavihāras* lauten: Liebende-Güte, Mitgefühl, Mitfreude und Gleichmut. Der Unterschied zwischen Kontemplation und Meditation ist im Prinzip immer gleich, egal, welche Kontemplation oder Meditation wir uns vornehmen. In der Meditation über die *Brahmavihāras* wollen wir durch gezieltes Denken oder manchmal auch durch Visualisieren das Gefühl in uns hochbringen.

156

Sollten wir das Gefühl auf Anhieb hochbringen können, dann brauchen wir das gezielte Denken gar nicht. Gerade bei der Liebenden-Güte-Meditation werden jedoch die verschiedenen Arten von Menschen, denen wir Liebe geben können, angesprochen, sodass hierbei gezieltes Denken hilfreich sein kann. Machen wir eine Kontemplation zum Beispiel über Mitfreude, dann können wir einmal in uns gehen und untersuchen, ob wir uns tatsächlich mit anderen freuen können, wenn es ihnen gut geht. Vielleicht haben wir auch schon Mitfreude erlebt, als jemand mit einem strahlenden Gesicht zu uns kam und uns etwas erzählte, was ihm große Freude bereitete, sodass unser Herz aufging. Dann wissen wir, wie sich Mitfreude anfühlt und dass wir sie weiterhin praktizieren wollen. Oder eventuell wissen wir aus der Buddhalehre, dass es eine gute Sache sei, sich mit anderen zu freuen, und können uns daran erinnern, dass Mitfreude dazugehört, ohne sie je empfunden zu haben. Wenn wir über Mitfreude meditieren wollen, dann müssen wir das Gefühl in uns hochbringen. Kontemplation bedeutet, in uns zu gehen und zu erkennen, wieweit die Gefühle vorhanden sind oder uns fehlen. Häufig kommt es dabei vor, dass wir nichts finden, bei dem wir starke Mitfreude empfunden haben. Oder aber wir stellen fest, dass wir uns nur mit den Menschen mitgefreut haben, die wir „mein" nennen wie die eigenen Kinder, aber nicht bei Menschen, die weiter entfernt sind. Auch das ist wichtig zu wissen, jedoch kein Grund, uns selbst zu tadeln, denn es handelt sich nur darum, uns selbst zu erkennen. Die Meditation bezieht sich immer auf Gefühle, vor allem wenn sie funktioniert.

F: Ist Kontemplation während der zweiten meditativen Vertiefung der Freude angebracht? In dieser Phase kommen so viele wichtige und neue Erkenntnisse plötzlich auf.

A: Die Kontemplation während des Erlebens ist niemals angebracht. Nach der meditativen Vertiefung sollten wir jedoch die folgenden drei Schritte durchführen: 1. Auch das ist vergänglich. 2. Wie sind wir dahin gekommen? 3. Was haben wir daraus gelernt? Wenn wir die meditative Vertiefung dadurch unterbrechen, uns damit zu befassen, was das Erleben bedeutet, dann sind wir nicht mehr in der meditativen Vertiefung. An erster Stelle steht das Erleben, worauf das Erkennen folgt. Da das Erleben sowieso nicht so sehr lange anhält, besteht immer die Chance, das Erleben zu rekapitulieren, wodurch Erkennen kommt.

F: Wann sollte ich Kontemplation machen? Darf ich während der Gehmeditation auch Kontemplation machen oder muss ich dabei auf den Körper achten?

A: Gehmeditation bedeutet, die Achtsamkeit auf die Bewegung des Fußes zu richten. Kontemplation bedeutet, dass wir uns ein Thema von universeller Bedeutung und individueller Wichtigkeit für uns vornehmen. Beides gleichzeitig ist nicht möglich. Natürlich können wir beim Spazierengehen eine Kontemplation durchführen, aber das ist eher ungünstig.

F: Während der Liebenden-Güte-Kontemplation[*] und Liebenden-Güte-Meditation muss ich öfter stark mit den

---

[*] Siehe Kapitel V, Abschnitt 2, Seite 208.

Tränen kämpfen. Wie kann ich mit diesen Emotionen umgehen? Ich möchte auch niemanden in der Gruppe stören.

A: Wenn bei der Liebenden-Güte-Kontemplation oder Liebenden-Güte-Meditation Tränen kommen, so handelt es sich meistens um ein Trauergefühl darüber, dass uns diese Gefühle und Anleitungen nicht schon früher zugänglich waren. Oder wir haben das Gefühl, dass wir etwas vermissen oder verpassen. Aber wir verpassen nichts. Unsere Gefühle finden jetzt statt und haben überhaupt nichts mit Zeit zu tun. Wenn also Tränen kommen, dann sollten wir uns fragen, warum wir so gerührt sind. Denn Liebe ist nicht tränenreich, sondern beglückend. Vielleicht glauben wir, etwas nicht gehabt zu haben, was wir hätten haben können. All das sollten wir fallen lassen. Und sollten Tränen laufen, dann lassen wir sie laufen.

F: Bei der Kontemplation über bedingungslose Liebe bin ich auf folgendes Problem gestoßen: Bei schwierigen Menschen habe ich versucht, liebenswerte Eigenschaften zu entdecken, um somit ein Liebesgefühl für sie entwickeln zu können. Ist diese Suche nach Bedingungen für ein Liebesgefühl momentan als Übergangslösung hilfreich? Oder soll ich das sein lassen? Zu der Betrachtung kommt dann noch, dass diese Menschen auch aus den vier Grundelementen bestehen und sterben müssen, ebenso wie ich selbst. Das heißt, dass ich Mitgefühl auf dieser Ebene entwickele und so auf die Entwicklung eines Liebesgefühls ohne Bedingungen hinarbeite.

A: Wir nennen das die Kunst des Möglichen. Wenn wir tatsächlich üben und immer weiter üben, dann wird uns immer mehr möglich sein. Wenn das im Moment das einzig Mögliche ist, eine liebenswerte Eigenschaft zu finden, dann sollen wir das tun.

F: Immer wieder und immer häufiger erlebe ich folgende Einsicht bei der Kontemplation: Solange ich durch mein Reagieren auf den Lebensfilm, der mich und die Welt beinhaltet, Unruhe, Endlichkeit, Trennung und Zu- und Abneigung schaffe, fahre ich äußerlich mit Geburt, Alter, Krankheit, Tod und bei meinen Gefühlen mit der Qualität meiner Reaktionen fort. Also bemühe ich mich im Alltag langsam um die Befriedung der Begegnungen mit der Welt und meiner Reaktionen und erlebe dann teilweise das Einssein mit allen Erscheinungen und Empfindungen im Augenblick. Ich erlebe einen Zipfel Ewigkeit, der beglückend, ruhig, ich- und weltlos ist. Das fällt mir im Strom des jetzigen Lebens leichter als die bewusst gesuchte und herbeigeführte Ruhe durch die Konzentration auf den Atem. Woran mag es liegen, dass ich bei der Meditation die Unruhe und den Widerstand des Geistes stärker erlebe, mich verspanne und weniger loslassen kann als in kontemplativen Situationen? Kann es sein, dass ich zu sehr will? Oder fällt manchen Menschen der kontemplative Weg, der über Einsicht zu Ruhe und Glück führt, leichter?

A: Das ist vollkommen richtig. Es gibt nicht wenige Menschen, die durch die Kontemplation und die dadurch gewonnenen Einsichten viel leichter zur Ruhe kommen, als über den Weg der Ruhe zur Einsicht zu gelangen. Etwas Ruhe bringt etwas Einsicht, und etwas Einsicht bringt etwas Ruhe. Der Buddha kam in seiner eigenen Praxis über die Ruhe zur Einsicht. Deshalb versuchen auch wir, diesen Weg zu gehen, aber wir gehen ihn nicht ausschließlich. Das Etikettieren unserer abschweifenden Gedanken bedeutet Einsicht in unsere Gedankenwelt und das Ersetzen beruht ebenso auf Einsicht. Die Kontemplationen sind auf Einsicht aufgebaut. Ein ruhiger Geist hat es leichter im Leben und auch mit den Einsichten. Ist das Erlangen von Ruhe jedoch mit großen Schwierigkeiten verbunden, so ergibt das keinen Sinn, denn dann verstärkt sich der Widerstand, der immer negativ ist. Wenn wir also meditieren und dabei unsere Negativitäten verstärken, so ist das sicher nicht nutzbringend.

Wenn wir also von uns selbst wissen, dass der Einsichtsweg richtig ist, der ja Ruhe bringt, so können wir erstens einmal die Kontemplation zum Hauptbestandteil unserer Praxis machen und zweitens auch die Meditation auf den Atem verwenden, um Einsicht zu erlangen. Das bedeutet, die Vergänglichkeit jedes Atemzuges zu erleben. Wenn wir die Vergänglichkeit jedes Atemzuges erleben und wissen, dass jedes andere Lebewesen genau dasselbe erlebt, dann können wir auch die Vergänglichkeit auf allen anderen Gebieten in uns selbst, wie bei unseren Gefühle oder bei unserem Körper, erleben. So können wir allmählich von der Kompaktheit und Solidität, die wir scheinbar besitzen, loslassen und sehen, dass wir ständig im Fluss sind. Dann ist es auch viel einfacher, sich in alles andere einzufühlen, das auch im Fluss ist. Also können wir sogar die Atemmeditation für Einsicht verwenden. Welchen Weg wir zuerst wählen und welcher uns mehr bringt, ist egal, denn am Ende kommen sowieso Ruhe und Einsicht zusammen. Wenn wir zu sehr wollen, dann ist das Resultatdenken. Das erschwert die Praxis und ist eine unserer größten Schwierigkeiten bei der Meditation, weil es uns aus der Gegenwart in die Zukunft bringt und immer mit Angst verbunden ist. Jeder, der sich zur Meditation hinsetzt, möchte sich gerne konzentrieren und zur Ruhe kommen. Diesen Wunsch müssen wir jedoch loslassen. Bei der Meditation können wir einzig und allein in dieser Sekunde da sein. Können wir in der Meditation das Resultatdenken loslassen, so kann uns das auch im Leben sehr hilfreich sein.

IV
Verschiedene Meditationsmethoden

1. Stück-für-Stück- und Ganzheits-Methode

F: Kannst du bitte die Bedeutung und den Zweck der Stück-für-Stück-Methode erläutern?

A: Die Bedeutung dieser Methode besteht in einem automatischen Läuterungsprozess sowie darin, dass wir lernen, nicht zu reagieren. Diese Methode ist wie eine geistige Dusche, die für die geistige Läuterung eine große Hilfe ist. Jegliche Konzentration ist geistige Läuterung, aber besonders bei der Stück-für-Stück-Methode geschieht das automatisch. Denn wir können ja nicht fortfahren, wenn wir nicht loslassen und somit immer wieder von einer Stelle zur nächsten gehen. Diese Methode unterstützt und stärkt auch sehr die Konzentration.

F: Reicht es aus, den Körper nur mit dem Geist abzutasten, ohne dass Empfindungen oder Gefühle hochkommen?

A: Das ist absolut nicht ausreichend, denn der ganze Sinn der Stück-für-Stück-Methode besteht ja darin, unseren Gefühlen und Empfindungen nahe zu kommen. Jedoch ist dies am Anfang nicht so einfach, sodass wir manchmal etwas länger auf einer Stelle verweilen müssen. Wenn gar keine Gefühle oder Empfindungen hochkommen, dann können wir immer noch die natürlichen Berührungskontakte wie die Augenlider auf den Augen, die Lippen aufeinander, die Kleidungsstücke am Oberkörper vorne und hinten, die Hände auf den Beinen, das Gesäß auf der Sitzunterlage oder die Füße auf dem Boden spüren. Es ist unmöglich, diese Berührungskontakte nicht wahrzunehmen. Das machen wir so oft wie nötig, bis wir auch ohne diese Berührungskontakte Empfindungen wahrnehmen können.

F: Ist es in Ordnung, wenn es mir bei der Stück-für-Stück-Methode sehr warm wird? Beim Loslassen habe ich noch so meine Schwierigkeiten. Ist es korrekt, mir bildlich vorzustellen, dass das Empfinden wie eine Wolke oder Nebel von mir weicht?
A: Ja, das ist ein Hilfsmittel. Jedes Hilfsmittel, das funktioniert, können wir benutzen. Nach einiger Zeit wird es wahrscheinlich nicht mehr nötig sein. Ebenso verwenden wir bei der Atembetrachtung Hilfsmittel wie Zählen, ein Wort, ein Bild, die Empfindung des Atems oder Anfang-Mitte-Ende des Atemzuges, das wir nicht mehr brauchen, sobald der Geist konzentriert ist. So können wir auch bei der Stück-für-Stück-Methode mit dem erwähnten Hilfsmittel in der Vorstellung anfangen. Die Wärme ist eine natürliche Reaktion bei der Stück-für-Stück-Methode, die zwei verschiedene Ursachen und daher auch zwei verschiedene Wirkungen haben kann. Wird uns unangenehm warm, so liegt das häufig daran, dass wir uns unter Leistungsdruck setzen, Resultate erwarten und vielleicht denken: „Jetzt muss aber etwas daraus werden." Das sollten wir fallen lassen. Spüren wir eine äußerst angenehme, durchgängige Wärme im Körper, so kann dies ein Zugang zur ersten meditativen Vertiefung werden. Deshalb sollten wir zunächst feststellen, ob sich

die Wärme angenehm oder unangenehm anfühlt. Ist die Wärme unangenehm, dann sollten wir das Resultatdenken loslassen. Ist sie angenehm, dann sollten wir uns auf dieses angenehme Gefühl konzentrieren und untersuchen, ob es sich durch den ganzen Körper verbreitet und ein Entzücken auslöst. Ist das nicht der Fall, dann fahren wir mit der Stück-für-Stück-Methode fort.

F: Bei der Stück-für-Stück-Methode hat sich öfter eine andere Körperstelle als die, die ich gerade untersucht habe, durch Kribbeln bemerkbar gemacht. Zum Beispiel hat sich die rechte Schulter ins Bewusstsein gedrängt, als ich bei der linken Schulter war. Ist der Geist hier abgeschweift?

A: Wenn wir diese Methode nur selten oder noch nie durchgeführt haben, so gibt es im Allgemeinen die Schwierigkeit, dass wir an einer Stelle sind und sich eine andere Stelle meldet. Das schadet nichts und gibt sich mit der Zeit. Wir nehmen das Abschweifen zur Kenntnis und kehren zu der Stelle zurück, bei der wir gewesen sind. Wenn das geschieht, so bedeutet das, dass der Geist in der Konzentration noch nicht stabil genug ist, um effektiv nur da zu sein, wo wir ihn hingeschickt haben. Aber das ist Übungssache.

F: Du hast bei der Erklärung zur Stück-für-Stück-Methode gesagt, dass es nicht wichtig sei, welche Empfindungen dabei auftreten. Es sei nur die geschärfte Wahrnehmung wichtig, um uns näher zu kommen. Soll der Geist die Wahrnehmung in Gefühl oder Empfindung aufschlüsseln?

A: Wir wissen automatisch, ob Druck oder Ärger da ist, aber wir müssen dies zur Verdeutlichung nicht mit Worten benennen. Es genügt vollkommen, zu erkennen. Der Geist erkennt automatisch so flink den Unterschied zwischen körperlichem Druck und emotionalem Ärger, dass wir ihn gar nicht davon abhalten können. Sollte die körperliche Empfindung jedoch stark sein, was manchmal vorkommen kann, dann schauen wir nicht, ob auch noch ein Gefühl zu finden ist, sondern wir erkennen die Empfindung, lassen sie fallen und gehen zur nächsten Stelle weiter.

F: Wenn ich bei der Stück-für-Stück-Methode immer nur Druck empfinde, egal, wohin ich mit der Achtsamkeit gehe, dann weiß ich nicht, ob ich einfach wahrnehme, was sich dort befindet, oder ich etwas dorthin projiziere. Emotionen empfinde ich immer nur im Bauch und an keiner anderen Stelle. Kannst du mir etwas dazu sagen?
A: Hier gilt es zu akzeptieren, dass du Druck empfindest, weiter gar nichts. Beim nächsten Mal wird es wahrscheinlich ganz anders sein. Was wir bei der Stück-für-Stück-Methode empfinden, ändert sich andauernd. Die Emotionen im Bauch sollten wir feststellen und dann fallen lassen und zur nächsten Stelle weitergehen. Wenn bei einer Emotion nicht klar und deutlich ist, worum es sich handelt, dann stellen wir auch das fest, lassen das fallen und gehen weiter.

F: Du hast die Beeinflussung von Schmerzen durch die Stück-für-Stück-Methode während des Sitzens beziehungsweise während der Meditation erwähnt und gesagt, dass diese Methode vermutlich bei stärkeren oder chronischen Schmerzen nicht wirksam sei. Gilt das nur für die schnelle Beeinflussung während der Meditation? Oder könnten lang andauernde Schmerzzustände nicht doch durch die Meditation verringert und erträglicher werden?

A: Das ist durchaus möglich, aber die Meditation muss dafür konzentriert sein. Wenn wir die Stück-für-Stück-Methode nur oberflächlich oder unkonzentriert durchführen, so nützt das noch gar nichts. Ist die Konzentration stark genug, dann haben wir damit die Möglichkeit, auch stärkere oder sogar chronische Schmerzen zu lindern. Ist die Konzentration jedoch nicht stark genug, dann können wir damit nur schwächere und vielleicht akute Unannehmlichkeiten verringern. Das hängt einzig und allein von der Stärke der Konzentration ab. Bei einer vollkommenen Konzentration haben wir ganz andere Möglichkeiten als bei einer nur schwachen Konzentration.

F: Ich habe seit einigen Monaten ständig Ohrgeräusche. Weißt du eventuell eine Möglichkeit, diese Geräusche vielleicht bei der Stück-für-Stück-Methode zu vermindern?

A: Solche Ohrgeräusche sind so störend für die Meditation, dass sie wahrscheinlich die Meditation vollkommen behindern. Du kannst versuchen, sie mithilfe der Stück-für-Stück-Methode loszuwerden. Dazu gehört jedoch eine Geisteshaltung, die nicht darauf ausgerichtet ist, dass du die Ohrgeräusche loswerden musst, weil sie so entsetzlich sind, sondern es muss ein Loslassen der Wahrnehmung sein. Dazu beginnst du mit der Stück-für-

Stück-Methode an der Kopfspitze, so wie wir es immer tun, gehst bis zu den Ohren und dort heraus. Das kannst du zehn- bis zwanzigmal wiederholen, ohne weiterzugehen. Beim Hinausgehen musst du loslassen. Das Wort „Loslassen", das wir natürlich auch im gewöhnlichen Leben verwenden, hat auf dem spirituellen Weg eine besondere Bedeutung. Es bedeutet nicht nur das Gegenteil von Anhaften, sondern beinhaltet auch keine Ablehnung. Bei dieser Schwierigkeit hier musst du also besonders darauf achten, dass du die Ohrgeräusche nicht ablehnst, sondern fallen lässt. Du lässt die Wahrnehmung fallen. Es ist es auf jeden Fall wertvoll, das zu versuchen. Bist du zehn- bis zwanzigmal zum Ohr herausgegangen, dann gehst du von den Ohren weiter bis zu den Fußspitzen durch den ganzen Körper hindurch.

F: Ich habe zum Teil starke Schmerzen in der Magengegend. Heute habe ich eine Dreiviertelstunde nur dort hingespürt und versucht, diese durch die unteren Öffnungen loszulassen. Dabei wurde mir sehr heiß. Ist das zu viel für eine Stelle?

A: Das können wir so oft tun, wie wir es für nötig befinden. Zwischendurch können wir natürlich dann auch einmal schnell durch den ganzen Körper durchgehen, an den Finger- und Zehenspitzen loslassen und uns dann wieder auf die Stelle konzentrieren und versuchen loszulassen. Bei Schmerzen können wir auch versuchen, die Größe, die Form und die genaue Lage wahrzunehmen und uns damit zu beschäftigen. Beim Schmerzgefühl ist es hilfreich zu versuchen, diese Stelle mit dem Geist einzukreisen und zusammenzudrücken, sodass sie kleiner wird. Das können wir so oft wiederholen, bis die Stelle klein genug ist, um sie vielleicht durch die Haut loszulassen. Wir können uns damit solange beschäftigen, wie wir wollen. Das Heißwerden kann den Grund haben, dass ein Resultat erwartet wird. Diese Erwartungshaltung sollten wir loslassen, uns entspannen und fortfahren.

F: Ich komme bei der Meditation einigermaßen gut in die erste meditative Vertiefung und habe das Gefühl, dass ich ganz gut sitze. Heute wurde mir bei der Stück-für-Stück-Methode jedoch bewusst, dass das gar nicht stimmt. Ich hätte nämlich vor Schmerzen und Wut schreien können, als Gesäß und Beine dran waren. Bei der Atembetrachtung habe ich dieses Gefühl nicht. Sollte ich anders sitzen, oder könnte ich die Stück-für-Stück-Methode auch im Liegen machen?
A: Den letzten Teil der Frage beantworte ich im Allgemeinen gerne damit, das zu versuchen und dann festzustellen, dass es nicht funktioniert, wenn wir wieder aufwachen. Natürlich spricht nichts dagegen, uns während der Meditation umzusetzen. Bei der Stück-für-Stück-Methode versuchen wir jedoch, das unangenehme Gefühl zu erkennen, nicht darauf zu reagieren und zum Meditationsobjekt zurückzukehren. Wenn wir mit Schmerzen und Wut sitzen, so ist das negativ und unheilsam. Stattdessen wollen wir ja lernen, das Heilsame und Positive in uns zu fördern. Wenn sich also negative Reaktionen in uns zeigen, dann ist es besser, wenn wir uns umsetzen, weil wir während der Meditation nicht das Negative in uns stärken wollen. Es ergibt überhaupt keinen Sinn, uns mit negativen Gefühlen in der Medi-

tation abzugeben. Wir alle kennen Wut und brauchen sie nicht noch zu fördern. Alles spielt sich lediglich im Geist ab. Wir versuchen, nicht auf die Schmerzen zu reagieren, solange das vollkommen gleichmütig geschieht und wir zum Meditationsobjekt zurückgehen können. Sobald Negativität aufkommt, sollten wir uns langsam und vorsichtig umsetzen.

F: Bei der Stück-für-Stück-Methode tauchen nicht nur Körperempfindungen auf, sondern auch Bilder und viele Informationen über eine Stelle. Was ist hier zu tun?
A: Bei der Stück-für-Stück-Methode wollen wir die Körperempfindungen und Gefühle wahrnehmen. Bilder sind ein Ersatz für diskursives Denken und somit ablenkend. Deshalb sollten wir sie so schnell wie möglich fallen lassen. Bei visuell veranlagten Menschen können leicht Bilder auftauchen, denn sie können sich alles Mögliche vorstellen. Bei dieser Methode ist jedoch die Körperempfindung und das Gefühl wichtig, weil wir dabei lernen, sie loszulassen, ohne darauf in irgendeiner Art und Weise zu reagieren. Können wir das bei dieser Methode, dann ist es uns auch im täglichen Leben möglich.

F: Soll ich bei der Stück-für-Stück-Methode auch in die Tiefe gehen, zum Beispiel zum Magen oder zur Lunge? Oder bleibe ich an der Oberfläche, beziehungsweise wie tief geht diese?
A: Wir können in den Körper tief hineingehen, aber es ist nicht sinnvoll auszusortieren, ob es sich um den Magen oder die Lunge oder die Galle oder die Nieren handelt. Bei Krankenschwestern oder Ärzten passiert das häufig.

Der Zweck der Übung besteht darin, die Empfindungen an der jeweiligen Stelle festzustellen. Dazu können wir in den Körper so tief hineingehen, wie es uns möglich ist. Jedoch handelt es sich nur um die Empfindungen und nicht darum, welches innere Organ das ist. Sollte diese Benennung in uns hochkommen, dann lassen wir sie fallen, denn das führt uns von der Empfindung weg und zur Erklärung hin.

F: Bei der geleiteten Stück-für-Stück-Methode wurde mir so nach etwa der Hälfte der Meditation am ganzen Körper sehr heiß, und ich konnte kaum noch Empfindungen wahrnehmen. Die Empfindungen selbst habe ich als Brennen empfunden. Da ich sonst nichts empfunden habe, brannte dann verständlicherweise auch mein ganzer Körper. Was bedeutet das? Soll ich dennoch diese Meditation üben? Mit der Atembetrachtung komme ich gut klar.

A: Wenn bei der Stück-für-Stück-Methode eine starke Reaktion kommt, dann ist es unbedingt nötig, sie weiter zu üben. Das Brennen bleibt nicht, sondern es löst sich auf. Es verbrennt sozusagen, wenn diese Methode oft genug angewandt wird. Jedes noch so kleine Loslassen ist dabei hilfreich. Diese Methode ist ganz wichtig, denn sie ist ein Läuterungs- und Erleichterungsprozess für alle Körperempfindungen, die ja sehr oft bei der Meditation störend sein können.

F: Gibt es Korrespondenzen zwischen Oberfläche und inneren Gefühlsbereichen, zum Beispiel Augen und inneren Gefühlsbereichen, die weiterführen? Ich habe das Bedürfnis, diese Stück-für-Stück-Methode auch im Körper tiefer innen durchzuführen. Ist das möglich, und gibt es dazu Anweisungen?

A: Wir können unsere Achtsamkeit auf alle Körperteile innen und außen richten. Es ist immer derselbe Prozess bei der Stück-für-Stück-Methode. Statt uns auf die verschiedenen Stellen an der Oberfläche zu konzentrieren, können wir uns auch auf das Innere des Körpers konzentrieren. Dabei ist es nicht hilfreich, die Organe zu benennen oder zu suchen und uns dann vorzustellen. Denn es geht einzig und allein um die Empfindung, die außen oder innen zu spüren ist. So können wir durch den inneren Teil des Körpers gehen und die Empfindungen dort spüren. Dazu benötigen wir stärkere Konzentration.

F: Ich übe seit einigen Monaten die Stück-für-Stück-Methode. Dabei kommen fast jedes Mal starke Schmerzen und Verspannungen im Schulterbereich hoch. Diese sind mit intensiven Gefühlen der Angst verbunden, die sich bis zur Panik mit Herzrasen steigern. Es ist mir unmöglich, diese Gefühle wieder vollständig loszulassen. Entweder bleibe ich im Schulterbereich hängen und komme in der Meditation nicht weiter, oder aber ich spüre die Verspannungen bis zum Ende der Meditation immer wieder und auch noch danach, auch wenn ich in der Körperbetrachtung weitergehe.

A: Dabei müssen wir Folgendes erkennen: Spüren wir irgendwo Verspannungen, zum Beispiel in der linken Schulter, dann sind wir bei der linken Schulter, auch wenn wir gerne beim rechten Knie wären. Lassen wir los, gehen wir weiter und dann wieder zurück, so haben wir ein ewiges Hin und Her, was nicht besonders hilfreich ist. Stattdessen sollten wir versuchen, dieses Gefühl gleich durch die Haut herauszulassen, immer wieder zu dieser Stelle hinzugehen und das Gefühl an dieser Stelle erneut herauszulassen, bis eine Erleichterung eingetreten ist. Dann ist es nicht mehr schwierig, den Weg durch den ganzen Körper zu gehen, ohne immer wieder zu dieser Verspannung zurückkehren zu müssen. Alle diese körperlichen Blockaden sind mit Emotionen verbunden. Es ist ein Zeichen von guter Wahrnehmungsfähigkeit, wenn wir nicht nur die Verspannung sondern auch die damit zusammenhängende Angst spüren. Können wir die Verspannung loslassen, dann wird es auch möglich sein, die Angst so weit zu vermindern, dass wir weitergehen können. Tritt sie beim nächsten Mal wieder auf, dann machen wir wieder dasselbe. Diese Angst ist alteingesessen und lässt sich nicht gleich beim ersten Mal schon raustransportieren, sondern wir müssen diesen Vorgang öfter wiederholen. Je tiefer sie eingesessen ist, desto öfter müssen wir das tun, aber es ist eine sehr wertvolle Arbeit.

F: Ist es in solchen Fällen sinnvoll, die hochkommenden Gefühle eingehender zu betrachten, um zu erkennen, was da eigentlich los ist, um sie dann leichter loslassen zu können? Oder ist es sinnvoller, eine Zeit lang nur den besonders problematischen Körperbereich ohne den Rest des Körpers zu spüren? Ich meine damit, dass ich diesen Körperbereich etwa zehn Minuten lang betrachte und dann zum Beispiel zur Atembetrachtung übergehe.

A: Des Menschen Wille ist sein Himmelreich. Im Prinzip können wir machen, was wir wollen. Es kommt jedoch darauf an, wie weit wir erkannt haben, was am meisten *Dukkha* bereitet, und wie weit wir gewillt sind, uns mit diesem *Dukkha* auseinanderzusetzen. Am sinnvollsten ist es, diese Verspannung gleich an der Stelle, an der sie sich befindet, loszulassen. Das wiederholen wir so oft, bis sie soweit vermindert ist, dass wir weitermachen können. Es ergibt überhaupt keinen Sinn zu erkunden, wieso wir Angst haben. Jeder Mensch hat Angst vor dem Tod. Deshalb lohnt es sich überhaupt nicht, diese Angst zu untersuchen. Es lohnt sich nur, die Stärke der Verspannung sowie der aufkommenden Emotionen zu lindern, damit wir weitermachen können.

F: Ist es sinnvoll, die Stück-für-Stück-Methode manchmal nur teilweise anzuwenden, um zum Beispiel am Kopf und Nacken Verspannungen zu lösen?
A: Ja, das ist sinnvoll und kann auch sehr hilfreich sein, vor allem, wenn dort Verspannungen sind, die uns die Meditation erschweren. Spüren wir zum Beispiel eine Verspannung im Nacken, dann können wir von der Kopfspitze über die Seiten des Kopfes und den Hinterkopf bis zu der verspannten Stelle hinuntergehen, uns darauf voll konzentrieren und dann aus der Schulter herausgehen. Das wiederholen wir viele Male, bis wir eine Erleichterung verspüren. Das ist auch bei Kopfschmerzen oder ähnlichen Schwierigkeiten sinnvoll. Dann gehen wir von der Kopfspitze bis zu der schmerzenden Stelle und aus der nächsten Öffnung heraus, beim Kopfschmerz vielleicht das Ohr, beim Nacken

die Schulter, was immer uns praktisch erscheint, um loszulassen.

F: Wenn sich bei der Stück-für-Stück-Methode einige Bereiche gut oder neutral anfühlen, soll ich dann einfach weitergehen, nachdem ich das festgestellt habe, oder soll ich das auch loslassen?
A: Weitergehen und loslassen sind dasselbe. Wenn wir weitergehen, haben wir nämlich losgelassen. Es ist ganz wichtig zu wissen, dass loslassen bedeutet, uns zur nächsten Stelle zu bewegen. Sind wir zum Beispiel ärgerlich und lassen das los, dann gehen wir zum Gleichmut oder zur Liebe.

F: Ich praktiziere die Stück-für-Stück-Methode schon eine ganze Weile. Wenn ich richtig schön konzentriert bin, dann setzt manchmal mittendrin die erste meditative Vertiefung ein – meist sehr stark. Ich gerate dann durcheinander. Kann ich dann die Stück-für-Stück-Methode einfach fallen lassen?
A: Wir können die Stück-für-Stück-Methode genauso wie jede andere Methode als Zugang für die meditative Vertiefung verwenden. Kommen wir mit der Stück-für-Stück-Methode zur ersten meditativen Vertiefung, dann können wir ruhig sofort loslassen und die erste meditative Vertiefung praktizieren.

F: Bei der Stück-für-Stück-Methode passiert es mir immer wieder, dass ich zum Beispiel ein Zwicken an der Nase spüre, anstatt die Stirn zu fühlen. Ich versuche dann, die Nase loszulassen und zur Stirn zurückzukehren. Ist die

Nase an der Reihe, kribbelt die Stirn. Wie wichtig ist die exakte Einhaltung der Reihenfolge und wie lange sollte ich an einer Stelle verweilen, die ich nicht empfinden kann? Soll ich weiter versuchen, diese zu empfinden, oder gehe ich dann einfach weiter in der Reihenfolge?

A: Haben wir diese Methode noch nicht oft durchgeführt, so passiert das fast immer, dass wir zum Beispiel die Nase spüren, wenn wir bei der Stirn sind oder umgekehrt. Oder wir spüren den Oberarm, wenn wir beim Ellbogen sind. Dann kehren wir zum Oberarm zurück, weil wir ja schon dort sind durch das erneute Spüren, und fahren danach mit dem Ellbogen fort. Die exakte Einhaltung der Reihenfolge ist nicht wichtig, außer dass wir von oben nach unten durchgehen. Genauso wie wir uns in der Dusche von oben nach unten einseifen und waschen, so führen wir das hier auf der geistigen Ebene durch. Wenn wir eine Stelle nicht empfinden können, dann sollten wir dort etwas verweilen. Das wird im Allgemeinen damit verglichen, die Hand mit einem Asbesthandschuh auf eine heiße Herdplatte zu legen. Dann dauert es einen Moment, bis wir die Hitze wahrnehmen. Müssen wir jedoch diesen Moment sehr verlängern und spüren wir die Hitze überhaupt nicht, dann gehen wir weiter. Beim nächsten Mal spüren wir vielleicht diese Stelle. Das ist reine Übungssache.

F: Während der Stück-für-Stück-Methode wurde es für mich immer schwieriger, mich auf die einzelnen Körperteile zu konzentrieren, da ich immer wieder im Herzbereich stecken blieb. Ein dicker, fetter, schwerer Backstein lag da drin. Das Atmen wurde schwerer, und auch die Arme waren von der Schwere betroffen, als ob mich etwas lähmen würde. Dabei empfand ich einen tiefen Schmerz und Traurigkeit. Ein paar Tränen ließen sich nicht mehr zurückhalten. Seit etwa zwei Tagen hüllt mich dieses Gefühl auch während anderer Meditationen, wie Liebende-Güte-Meditation und Atembetrachtung, ständig ein. Es ist fast unmöglich, den Geist auf etwas anderes zu konzentrieren. Manchmal zerreißt mich diese Schwere fast und ich würde am liebsten aufschreien.

A: Wir haben ja schon festgestellt, dass mit dem Aufschreien auch nichts erledigt ist. Deshalb versuchen wir lieber etwas Besseres. Wir können einen wichtigen Prozess durchmachen, um diese Schwierigkeit aufzulösen. Dafür ist die Stück-für-Stück-Methode gedacht und geeignet. Dabei gehen wir wie folgt beschrieben vor: Wir benötigen etwas Konzentration, aber es ist beinahe jedem möglich, genügend Konzentration aufzubauen. Zuerst stellen wir die Größe und die genauen Umrisse dieses Backsteins fest. Dann untersuchen wir die genaue Lage, wie hier im Herzbereich. Wenn sich dieser Backstein verändert, während wir das tun, so bedeutet das nicht, dass sich der Backstein auflöst, sondern dass der Geist nicht einspitzig genug ist. Dann üben wir solange weiter, bis wir die genaue Größe und Lage festgestellt haben. Danach untersuchen wir, ob eine Verbindung von diesem Backstein zu anderen Körperteilen besteht. Vielleicht geht eine Schnur oder ein Draht oder eine Röhre zum Hals oder zum Arm, was hier wahrscheinlich der Fall ist, da die Arme von Schwere betroffen sind. Dann gehen wir mit dem Geist zu der Stelle hin, an der die Verbindung an dem Backstein festgemacht ist, und benutzen den

Geist wie ein Messer, um diese Verbindung zu durchtrennen. Danach schieben wir die Verbindung zurück, damit sie zum Ausgangspunkt zurückgeht. Nachdem wir alle Verbindungen, die auch mehrfach auftreten können, durchgeschnitten haben, gehen wir mit dem Geist wieder zu dem Backstein, den wir auf verschiedene Arten bearbeiten können. Zum einen können wir den Backstein mit dem Geist so umhüllen, dass keine Lücke bleibt, und dann versuchen, ihn mit dem Geist so zusammenzudrücken, dass er immer kleiner wird. Wenn das funktioniert, dann wird der Backstein so klein, dass er sich entweder auflöst oder wir ihn aber durch die Haut herauslassen können. Funktioniert das nicht, was besonders bei einem Backstein möglich ist, dann verwenden wir den Geist wie ein Werkzeug und meißeln so an dem Backstein herum, dass er immer kleiner wird. Die beim Meißeln herumfliegenden Teile lassen wir – genau wie bei den Finger- und Zehenspitzen – durch die Haut hinaus. Das müssen wir öfter machen, denn es funktioniert im Allgemeinen nicht beim ersten Mal. Dazu müssen wir Geduld aufbringen und uns dieser Arbeit immer wieder hingeben. In diesem Fall ist die Methode ein ganz wichtiger Meditationsprozess, denn dieser Backstein scheint auch bei den anderen Meditationen hochzukommen und die Meditation sehr zu stören.

F: Nach der Stück-für-Stück-Methode habe ich mich wie auseinandergebaut und ganz schief wieder zusammengesetzt gefühlt. Die einzelnen Teile fühlten sich unangenehm versetzt und rechts und links verschieden an. Was bedeutet das?

A: Das ist nicht ungewöhnlich, dass sich die rechte und linke Seite unterschiedlich anfühlen. Das ist ein Zeichen für eine gewisse Disharmonie. Je öfter wir die Stück-für-Stück-Methode durchführen, desto mehr regelt sich das. Zum Beispiel kann es sehr leicht sein, dass sich die rechte Seite schwer und die linke leicht anfühlt, aber das ist ganz in Ordnung. Jedoch sollten wir auf jeden Fall dabei untersuchen, ob wir zwischen der rechten und der linken Körperhälfte eine Wand spüren, zum Beispiel eine Wand aus Pappe oder aus Zement oder aus Ziegeln. Wenn wir eine solche Wand finden, dann gehen wir genau so vor wie bei dem Backstein aus der vorherigen Frage. Finden wir keine Wand, dann gehen wir zur nächsten Stelle weiter.

F: Sowohl bei der Atembetrachtung als auch bei der Stück-für-Stück-Methode spüre ich fast ausschließlich meine linke Körperhälfte. Hat das etwas zu bedeuten?
A: Das kann etwas zu bedeuten haben, was wir bei der Stück-für-Stück-Methode untersuchen können. Spüren wir zum Beispiel zwischen der linken und rechten Körperhälfte eine Härte, die sich wie eine Mauer oder wie Zement oder wie Holz oder wie Pappe anfühlt, dann sollten wir uns mit dieser Blockade beschäftigen, indem wir mit starker Konzentration versuchen, sie aus dem Körper herauszulassen. Finden wir nichts Derartiges, dann sollten wir einfach bei den einzelnen Stellen der rechten Körperhälfte ein paar Momente länger bleiben, um zu sehen, welche Empfindung hochkommt. Bei der Atembetrachtung ist das Spüren der linken Körperhälfte nicht von Bedeutung, denn dabei sollten wir nur unseren

Atem spüren. Bei der Stück-für-Stück-Methode ist es nicht ungewöhnlich, dass das geschieht. Und dann befassen wir uns so damit, wie ich hier beschrieben habe.

F: Die Stück-für-Stück-Methode war eine ganz grundlegende Erfahrung für mich. Ich habe nicht nur – mit Ausnahme der schmerzenden Stellen – eine angenehme Wärme empfunden, sondern auch begriffen, was es mit dem Loslassen auf sich hat. Es war auch eine Übung in Geduld; ich konnte es kaum erwarten, zu den schmerzenden Stellen zu kommen und – oh Wunder – der Schmerz war weg. Kann ich mich auf weniger bevorzugte Stellen wie die Herzgegend konzentrieren, oder sollte ich durch den ganzen Körper wandern?

A: Im Prinzip gehen wir den Körper von oben bis unten durch und lassen möglichst wenig Stellen aus. Wenn irgendeine Stelle am Körper jedoch immer wieder besondere Schwierigkeiten bereitet und uns davon abhält, sie loszulassen und weiterzugehen, dann können wir mehrmals zu dieser Stelle hingehen und versuchen, das unangenehme Gefühl durch die Haut loszulassen. Das tun wir jedoch nur, wenn uns eine Stelle immer wieder dazu auffordert anzuhaften. Es spielt dabei keine Rolle, welche Stelle im Körper das ist.

F: Wie kommt es, dass ich bei der Stück-für-Stück-Methode von Mal zu Mal ganz unterschiedlich starke Wahrnehmungen feststelle? Ich habe den Eindruck, dass ich weder unkonzentriert noch müde war.

A: Diese unterschiedlich starken Wahrnehmungen sind erstens einmal auf Konzentration zurückzuführen, aber vor allen Dingen auch auf die Vergänglichkeit jeder Empfindung, die sich immer wieder neu und anders zeigt. Spüren wir diese Unterschiedlichkeit, dann sollten wir die Vergänglichkeit feststellen. Je mehr und je öfter wir die Vergänglichkeit bei uns selbst spüren, desto klarer wird uns, worum es eigentlich geht. Jeder Mensch weiß, dass er sterben wird. Da wir uns aber so solide und kompakt anfühlen, glauben wir nicht, dass das stimmt. In Wirklichkeit sterben wir jede Sekunde. Da wir jedoch sofort wieder zum Leben kommen, wird uns das nicht bewusst. Die Vergänglichkeit wird durch die Kontinuität verdeckt. Deshalb sollten wir die Unterschiedlichkeit der Wahrnehmungen als Vergänglichkeit erkennen.

F: Bei der Stück-für-Stück-Methode habe ich große Schwierigkeiten, mich zu konzentrieren. Ich kann auf weiten Strecken kaum etwas spüren, was mir diese Methode zusätzlich erschwert. Wahrscheinlich habe ich Widerstand und brauche diese Methode ganz dringend. Es passiert mir, dass ich nach einer halben Stunde noch bei den Armen bin, weil ich mich anstrenge, etwas zu spüren. Häufig spüre ich auch so starke Schmerzen, dass ich nicht gut weiterkomme. Es fühlt sich an wie Gliederreißen. Außer Schmerz kann ich dann nichts mehr wahrnehmen, obwohl ich mich bemühe loszulassen. Muss ich den Schmerz aushalten?

A: Wenn wir auf weiten Strecken nichts spüren, dann können wir mit dem Berührungskontakt beginnen. Es ist beinahe unmöglich, nicht zu spüren, wenn die Augenlider die Augen berühren oder die Lippen aufeinanderliegen oder die Füße den Boden oder das Kissen berühren oder das Gesäß den Stuhl oder das Kissen oder unsere Kleidung den Körper oder unsere Haare den Nacken berühren. Haben wir also Schwierigkeiten damit, bei der Stück-für-Stück-Methode etwas zu spüren, dann sollten wir uns auf den Berührungskontakt konzentrieren und gehen auch hierbei von oben nach unten durch den Körper durch. Beim zweiten Durchgang konzentrieren wir uns wieder auf den Berührungskontakt. Beim dritten Durchgang ist es vielleicht bereits möglich, ohne den Berührungskontakt auszukommen und das Spüren effektiv durch die Konzentration zu erlangen. Aber auch die starken Schmerzen, die hier erwähnt werden, sind eine Empfindung. Aus dieser Erklärung geht nicht hervor, ob die Schmerzen durch die Sitzstellung oder von innen kommen. Wir gehen in dem Fall direkt an der Stelle des Schmerzes aus dem Körper heraus, anstatt erst den ganzen Weg bis zu den Finger- oder den Zehenspitzen zu gehen. Das wiederholen wir immer wieder, bis der Schmerz gelindert ist. Rührt der Schmerz allerdings von der Sitzstellung her und können wir uns dadurch auf nichts mehr konzentrieren, dann setzen wir uns vorsichtig um. Den Schmerz auszuhalten, vor allem bei einem inneren Schmerz, bedeutet, nicht loszulassen sondern festzuhalten. Das nützt jedoch gar nichts.

F: Als ich heute die Stück-für-Stück-Methode durchführte und bis zum Ende des Oberkörpers kam, hörte ich damit auf, da ich ein so schönes Gefühl sowie Freude wahrnahm, sodass ich dieses dann als Meditationsobjekt benutzte. Soll ich beim nächsten Mal durch die untere

Körperhälfte durchgehen oder noch einmal an der Kopfspitze beginnen?

A: Das ist ein ganz wichtiger Punkt von allgemeinem Interesse. Da die Stück-für-Stück-Methode genauso eine Methode ist wie jede andere auch, kann sie zu den meditativen Vertiefungen führen, wenn wir konzentriert genug sind. Ist das der Fall, beenden wir diese Methode und wenden uns der meditativen Vertiefung zu. Methoden sind nichts anderes als Methoden. Wir wollen in der Meditation nicht lebenslänglich den Atem betrachten oder die Stück-für-Stück-Methode durchführen, sondern wir wollen die meditativen Vertiefungen von eins bis acht als Vorgeschmack zur vollkommenen Freiheit erleben. Die meditativen Vertiefungen sind veränderte Bewusstseinsebenen. Hier wurden das schöne Gefühl und die Freude der ersten meditativen Vertiefung wahrgenommen. Das entzückende Empfinden der ersten meditativen Vertiefung ist die Ursache für die Freude der zweiten meditativen Vertiefung. Auf jeden Fall ist es richtig, die Stück-für-Stück-Methode zu beenden und zu dem entzückenden Gefühl als Meditationsobjekt hinzugehen. Das entzückende Gefühl lassen wir nach einer Weile fallen und benutzen die Freude als darauf folgendes Meditationsobjekt. Beim nächsten Durchgang bei der Stück-für-Stück-Methode beginnen wir wieder an der Kopfspitze. Kommen wir dann wieder in eine meditative Vertiefung, dann erleben wir diese. Wir können diese Stück-für-Stück-Methode als Einstieg und Zugang zu den meditativen Vertiefungen verwenden, genauso wie jede andere Methode auch. Haben wir das einige Male praktiziert, dann müssen wir auch nicht mal mehr den halben Körper durchgehen bis zur meditativen Vertiefung. Die Konzentration wird stärker durch Konzentration. Alles, was wir tun, vermehrt sich, egal, ob es negativ oder positiv ist.

F: Ich bin an der Hüfte herausgegangen und dann wieder hinein, um fortzusetzen. Ist das egal oder gibt es günstigere Stellen zum Herausgehen beziehungsweise sollen wir immer an den Finger- und Zehenspitzen herausgehen?

A: Wenn wir in der vorgegebenen Zeit der Meditation nicht fertig werden, dann gehen wir von der Stelle, an der wir angelangt sind, schnell durch den Körper bis zu den Finger- oder den Zehenspitzen, was gerade näher liegt, und von da aus heraus. Das Abbrechen an irgendeiner Stelle ist nur dann sinnvoll, wenn wir diese eine Stelle von Schmerzen zu befreien oder zu lindern beabsichtigen. Bei der Stück-für-Stück-Methode sollten wir den ganzen Körper durchgehen.

F: Bei der Stück-für-Stück-Methode werde ich von besonders vielen Gedanken bestürmt. Weißt du eine Erklärung dafür, die vielleicht zugleich das Gegenmittel wäre? Soll ich bei dieser Methode etikettieren?

A: Das Etikettieren ist hilfreich und auch ein Gegenmittel. Warum du bei einer Methode mit mehr Gedanken als bei einer anderen zu tun hast, kann ich nicht genau feststellen. Denn es geht aus der Frage nicht hervor, ob der Geist zum Beispiel bei der Atembetrachtung wirklich achtsam und scharf oder aber beim Dösen ist. Ist der Geist beim Dösen, dann fühlt es sich so an, als ob wir keine Gedanken hätten. Das ist ein angenehmer Zustand, aus dem wir uns jedoch sofort herausreißen sollten. Es kann natürlich auch sein, dass die Empfindungen bei der Stück-für-Stück-Methode sehr schwach sind. Deshalb ist der Geist nicht daran interessiert, sich darauf zu konzentrieren, und will sich natürlich anderweitig beschäftigen. Somit ist es gerade bei dieser Methode wichtig, sich etwas mehr darum zu bemühen, die Konzentration noch einspitziger zu machen. Die Methode ist für jeden hilfreich, besonders dann, wenn jemand Konzentrationsschwierigkeiten hat. Außerdem ist sie für jeden zweckmäßig, denn sie ist ein Läuterungsprozess. Schweift der Geist immer ab, so ist das bei dieser Methode auch ein Anzeichen dafür, dass sich an der Stelle etwas niedergeschlagen hat, was sozusagen Widerstand hervorruft. Wir können nur immer wieder üben, was das wichtigste und effektivste Gegenmittel ist.

F: Ich habe bisher gedacht, der Unterschied zwischen der Stück-für-Stück- und der Ganzheits-Methode bestehe darin, dass die erste stärker auf Einsicht und die zweite stärker auf Ruhe und das Erreichen der meditativen Vertiefung ausgerichtet ist. Aber du hast auch gesagt, dass es bei der Ganzheits-Methode darum gehe, Gefühle und Empfindungen wahrzunehmen und zu erkennen. Das heißt, dass sie auch auf Einsicht ausgerichtet ist. Mir ist nicht ganz klar geworden, in welchem Verhältnis Einsicht und Ruhe dabei stehen, denn beides gleichzeitig funktioniert bei mir nicht. Ich kann entweder das eine oder das andere stärker betonen.

A: Das ist vollkommen richtig: Wir üben entweder das

eine oder das andere. Ihr Verhältnis zueinander besteht darin, dass Ruhe tiefere Einsicht, aber auch Einsicht tiefere Ruhe ermöglicht. Manchmal kann der Geist sich mehr auf das eine ausrichten und manchmal mehr auf das andere.

F: Mir ist heute bei der Ganzheits-Methode vom Magen her übel geworden. Was bedeutet das?

A: Das hat eine sehr gute Bedeutung. Wir haben nämlich alle Emotionen aus den Jahren unseres jetzigen Lebens und auch aus den vorhergehenden Leben in unserem Körper gespeichert. Wenn wir uns täglich waschen, dann reinigen wir lediglich äußerlich die Haut und die Haare. Aber es wird doch wohl niemand behaupten wollen, dass wir nur aus Haut und Haaren bestehen. Diese Methode stellt sozusagen eine innere Wäsche oder einen Läuterungsprozess dar. Wird uns beim ersten Mal bei der Durchführung dieser Methode übel, so bedeutet das, dass wir sehr viel von den gespeicherten Unannehmlichkeiten auf einmal losgelassen haben. Im Allgemeinen geschieht das nur beim ersten Mal. Die aufgetretene Übelkeit bei dieser Methode zeigt, dass sie sehr gut funktioniert und ein starker Läuterungsprozess stattgefunden hat.

2. Liebende-Güte-Meditation

F: Bei der Liebenden-Güte-Meditation werden visuelle Objekte wie Blumen und Sonne oder Handlungen wie Schenken und Umarmen angesprochen. Diese in der spirituellen Herzgegend wachsen zu lassen, gelingt mir meist nur für einige Momente. Danach treten die Erscheinungen in Höhe der Stirn oder genauer bei den Augenbrauen auf. Es gelingt mir nur kurz, diese zur Herzgegend zu transferieren. Dort baut sich ein warmes Gefühl auf, aber alle weiteren visuellen Vorstellungen finden wieder in Höhe der Augenbrauen statt. Was soll ich tun?

A: Es ist überhaupt nicht wichtig, wo diese visuellen Vorstellungen stattfinden. Wenn sich ein warmes Gefühl im Herzen aufbaut und dieses weitergegeben und nach außen ausgestrahlt werden kann, dann können wir das sehr gut verwenden und müssen uns nicht weiter um Blumen oder Sonne oder Verschenken oder Umarmen kümmern. Diese Worte sind lediglich ein Anstoß für Herz und Geist, damit diese sich dahin ausrichten, um das Liebesgefühl zu verschenken. Liebe kann nur Herzenswärme sein, alles andere ist Fantasie. Leider arbeiten wir sehr viel mit Fantasie und reden uns ein, wie wir die Gefühle gerne hätten oder wie sie sein könnten. Ist es die Herzenswärme, die sich ausbreitet, nach außen geht und andere Menschen umarmt, dann ist es der richtige Weg der Liebenden-Güte-Meditation. Es muss nicht unbedingt ein Bild dabei sein. Wenn jedoch ein Bild ein gutes Hilfsmittel ist, dann spielt es keine Rolle, wo es auftritt, ob im spirituellen Herzen oder mehr an der Stirn. Hauptsächlich kommt es auf das Gefühl, die Herzenswärme, an.

Es gibt noch einen ganz wichtigen Punkt, der bei vielen Menschen eine große Schwierigkeit bedeutet: Sie glauben nämlich, dass sie lieben, weil sie etwas Liebenswertes wahrnehmen, aber in Wirklichkeit ist im Herzen überhaupt nichts vorhanden. Das Gefühl, das der Mensch dann hat, ist selbstbezogen, weil sich ja aus der scheinbaren Liebesbeziehung zu dem liebenswerten Objekt etwas entwickeln kann, das für einen selbst gut sein soll. Wir haben viele Möglichkeiten, unser Herz und unseren Geist zu manipulieren. Deshalb ist der Läuterungsprozess auf dem spirituellen Weg so wichtig. Der Geist ist ein Zauberkünstler, der alles herzaubern, sich alles einreden, schöne Worte machen und sich nette Taten ausdenken kann, ohne dass das Herz engagiert ist. Das ist nicht einfach festzustellen. In diesem Fall hier baut sich ein warmes Gefühl in der Herzgegend auf, was ganz wichtig und absolut verwendbar ist. Wenn bei der Liebenden-Güte-Meditation Bilder hilfreich sind, dann können wir sie verwenden, müssen es jedoch nicht.

F: Ich spüre bei der Liebenden-Güte-Meditation nicht immer mein Herz. Manchmal spüre ich nichts und mache dann nur in der Vorstellung weiter. Soll ich in einem solchen Fall in der Vorstellung weitermachen oder die Liebende-Güte-Meditation abbrechen und stattdessen die Stück-für-Stück-Methode machen?

A: Auf jeden Fall solltest du die Liebende-Güte-Meditation weitermachen und die Vorstellung als Gedanken benutzen, denn auch Gedanken sind ein Sinneskontakt. Alle Sinneskontakte haben ein Gefühl zur Folge, auch wenn es uns nicht bewusst ist. Haben wir oft genug einen Gedanken gedacht, dann kommt auch das entsprechende Gefühl in uns hoch. Haben wir oft genug an Liebe und Mitgefühl gedacht, dann öffnet sich unser Herz. Deshalb ist es sehr wichtig, mit der Vorstellung weiterzumachen. Manchmal können wir uns nicht so öffnen wie andere Male. Einige Menschen finden es überhaupt sehr schwierig, ihr Herz zu öffnen, und sollten es lernen. Die Liebende-Güte-Meditation ist eine Methode, mit der wir lernen können zu lieben.

F: Wenn ich in der Liebenden-Güte-Meditation versuche, mein Herz zu öffnen, dann fühle ich mich so verletzlich. Ich habe Angst, dass jemand eintritt und eine große Wunde verursacht. Kann nicht tatsächlich eine Wunde entstehen? Müssen wir uns nicht auch selbst schützen?
A: Wovor sollten wir uns schützen? Davor, dass andere nicht lieben? Wie können wir uns davor schützen? Leider ist es eine allgemein menschliche Krankheit, dass die Menschen zu wenig lieben. Im 15. Jahrhundert hat Teresa von Avila einmal gesagt: „Nicht so viel denken, sondern mehr lieben." Heute ist es genauso, wie es damals war. Die Liebende-Güte-Meditation und die Gefühle der Liebenden-Güte im Herzen haben überhaupt nichts mit anderen Menschen zu tun. Diese dienen lediglich dem Training, der Erziehung und der Läuterung des Herzens. Wir alle haben die Fähigkeit zu lieben, aber wir wollen natürlich geliebt werden. Dass wir liebenswert sind, ist eine sehr nette Bestätigung, aber es hat überhaupt

nichts mit der Läuterung unseres eigenen Herzens zu tun. Wenn uns jemand liebt, so ist das sehr schön für den anderen, denn er weiß dann, was Liebe bedeutet. Aber in unserem eigenen Herzen hat sich dadurch nichts verändert – außer, dass wir uns darüber freuen oder versuchen, auch etwas Liebe zu empfinden.

Liebende-Güte ist unpersönlich und bedingungslos. Auch hat sie nichts damit zu tun, dass da jemand ist, der diese Liebe akzeptieren kann, will oder sogar zurückgeben kann und noch dazu liebenswert ist. Das ist sowieso schwer zu finden und eine ewige Suche. Liebende-Güte-Meditation besteht nur darin, unser eigenes Herz zu erziehen. Haben wir dann unser Herz so weit erzogen, dass es wirkliche Herzenswärme empfindet und Liebe verschenken kann, dann kann es auch nicht verwundet werden. Das ist nur möglich bei enttäuschter Erwartung, aber die gehört nicht zur Liebenden-Güte. Uns selbst zu schützen, bedeutet wahrscheinlich, uns vor Angriffen zu beschützen. Auch das hängt natürlich ganz davon ab, wie weit dieses Training des Herzens schon gediehen ist. Sind wir damit noch ganz am Anfang und haben wir Schwierigkeiten mit anderen Menschen, dann ist es manchmal nicht anders möglich, als diesen Menschen aus dem Weg zu gehen. Das tun wir jedoch nicht, weil wir sie ablehnen, sondern nur, weil wir wissen, dass die eigene Entwicklung noch nicht so weit ist. Wenn die Entwicklung des Herzens eines Tages weit genug fortgeschritten ist, dann können wir zu diesen Menschen wieder zurückkehren, weil wir dann nur noch Gefühle der Liebe und des Mitgefühls empfinden.

F: Bei einer Liebenden-Güte-Meditation verspürte ich beim Ausweiten des Herzens einen Druck auf das Herz, auch die Atmung ging schwerer. Diesem Druck bin ich in der Psychotherapie schon einmal begegnet, aber ich bin damit noch nicht weitergekommen. Es ist wie ein Zehnkilogewicht, das auf die Mitte der Brust drückt. Normalerweise spüre ich das nicht. Was soll ich nun tun? Es ist bis jetzt anhaltend. Die Stück-für-Stück-Methode hat dabei auch nicht geholfen.

A: Die Stück-für-Stück-Methode könnte helfen, aber das hängt ganz von der Fähigkeit der Konzentration ab. Ob etwas funktioniert oder nicht, liegt niemals an der Methode, sondern immer nur am eigenen Geist. Es gibt keine guten oder schlechten Methoden, sondern nur einen trainierten oder untrainierten Geist. Mit der Stück-für-Stück-Methode können wir solchen Unannehmlichkeiten begegnen, indem wir den Umriss und die Größe dieses Gewichts genau in uns erkennen und auch, ob eine Verbindung zu einer anderen Stelle in unserem Inneren besteht. Steht das Gewicht frei, dann versuchen wir, es mit dem Geist zu umhüllen und so weit zusammenzudrücken, dass es ganz klein wird, bis es sich entweder auflöst oder wir es durch die Haut herausstoßen können. Funktioniert das nicht, was bei einem Zehnkilogewicht der Fall sein könnte, dann können wir den Geist wie einen Meißel verwenden und damit das Gewicht verkleinern. Dazu benötigen wir Zeit und absolute Konzentration oder Einspitzigkeit. Dieses Phänomen ist ein Zeichen dafür, dass es sehr wichtig ist, die Liebende-Güte-Meditation immer wieder zu praktizieren.

F: Wie schütze ich mich davor, dass die sich auf weitläufig bekannte Menschen gerichteten Sätze keine Leerformeln werden? Liebe und Freundschaft beinhalten doch konkretes Handeln. Oder ist bei der Liebenden-Güte-Meditation eine allgemeine Haltung gemeint? Mitgefühl empfinde ich diesen Menschen gegenüber durchaus.

A: Die Liebende-Güte-Meditation besteht aus Gedanken und Gefühlen, die dem Handeln vorausgehen. Wenn wir keine Gedanken oder Gefühle für andere Menschen hegen, dann werden wir bestimmt nicht für sie handeln. Empfinden wir also Liebe und Freundschaft, dann werden wir wohl auf der Ebene auch etwas tun. Ob es sich dabei um Leerformeln handelt, kommt ganz auf den eigenen Geist an. Die Meditation kann auch eine vollkommene Leerformel sein, indem wir dasitzen und den Geist einfach rumspielen lassen. Die Meditation und Konzentration des Geistes kann niemand für einen anderen erledigen. Wir müssen die ganze Praxis des Buddhawegs selbst durchführen. Deshalb ist sie auch nicht so beliebt.

F: Mir fällt die Liebende-Güte-Meditation mit Abstand am leichtesten. Erstens bin ich sehr offen für Liebe und Mitgefühl, was natürlich wunderschön ist, aber zweitens ist mein Geist so wunderbar kreativ beschäftigt und kommt deshalb nicht auf andere dumme Gedanken. Ist denn das im Sinne der Ruhe und Konzentration? Am liebsten würde ich nur noch Liebende-Güte-Meditation praktizieren.

A: Das können wir tun, solange sie nicht mechanisch wird, was sehr leicht vorkommen kann. Es gibt nichts dagegen einzuwenden, nur Liebende-Güte-Meditation zu üben, in welcher Form auch immer. Sobald sie anfängt, mechanisch zu werden, sollten wir das feststellen können und sogleich die Mechanik dieser Meditation unterbrechen. Mit der Liebenden-Güte-Meditation kommt auch Konzentration. Und sie ist ein besonders guter Zugang zur ersten meditativen Vertiefung, wenn die Konzentration stark genug ist. Dann hat sie den Zweck der Ruhemeditation bereits erfüllt. Auf jeden Fall sollten wir darauf achten, dass sie nicht mechanisch wird. Auch sollten wir uns nicht einreden, die ganze Welt zu lieben und uns dann mit unserem Partner streiten. Stattdessen üben wir einfach, ohne zu glauben, dass das nun schon das Ende sei.

F: Bei der Liebenden-Güte-Meditation verschließt sich mein Herz bei schwierigen Personen, und es beginnt sofort eine wilde und unangenehme Gedankenreise. Sollte ich dann diese Person erst einmal weglassen und weniger schwierige nehmen?

A: Ja, unbedingt. Bei der Liebenden-Güte-Meditation sollten wir mit den einfachen Menschen anfangen und uns allmählich zu den schwierigeren vorarbeiten. Wenn wir es schaffen, auch bei ganz schwierigen Menschen bei der Liebenden-Güte-Meditation nicht ins Negative zu rutschen, dann können wir davon ausgehen, dass wir die Gefühle der Liebenden-Güte-Meditation wirklich spüren und uns nicht nur einreden. Stehen wir diesem schwierigen Menschen dann tatsächlich gegenüber und fühlen das immer noch, dann haben wir schon allerhand erledigt. In Wirklichkeit können wir die wahre Liebende-Güte nur dadurch lernen, dass wir diejenigen lieben, die uns absolut nicht liebenswert erscheinen. Wenn wir das können, dann machen wir keine Unterschiede mehr. Wenn die Liebende-Güte-Meditation mit irgendeinem schwierigen Menschen überhaupt nicht geht, dann üben wir nur mit den weniger schwierigen Personen und fühlen das erst einmal im eigenen Herzen.

F: Im täglichen Leben gibt es Menschen, gegen die ich Abneigung verspüre und von denen ich mich abgrenzen möchte. Das verursacht mir während der Liebenden-Güte-Meditation Schwierigkeiten. Wie kann ich damit umgehen?

A: Das ist die beste Lernsituation für uns, denn reizende, liebenswerte oder entzückende Menschen zu lieben, ist wohl kein großes Kunststück. Aber schwierige Menschen zu lieben, müssen wir lernen. Erst wenn wir gelernt haben, auch die schwierigen Menschen zu lieben, haben wir innere Sicherheit. Diesen Menschen sollten wir dankbar sein, dass sie überhaupt existieren und uns konfrontieren sowie für die Lernsituation, die sie uns bieten. Wir sollten ihnen auf keinen Fall aus dem Weg gehen. Gehen wir ihnen nämlich aus dem Weg, dann erhalten wir dasselbe Examen beim nächsten Menschen, der nur einen anderen Namen hat und etwas anders aussieht. Schaffen wir es dann wieder nicht, dann kommt der nächste und so weiter. Deshalb ist es sinnlos, schwierigen Menschen aus dem Weg zu gehen. Natürlich entstehen dadurch Schwierigkeiten, aber das ist ja gerade der springende Punkt, denn die Schwierigkeiten sind dazu da, dass wir sie überwinden.

Wenn wir keine Schwierigkeiten hätten, dann könnten wir annehmen, dass wir schon erleuchtet sind.

F: Oft empfinde ich Menschen gegenüber Neid oder Eifersucht, auch bei Freunden. Kann mir die Liebende-Güte-Meditation dabei helfen?

A: Wenn das nicht hilft, was sollte sonst helfen? Außerhalb der Liebenden-Güte-Meditation, die wir im täglichen Leben ja nur einmal oder höchstens zweimal am Tag üben, ist jede Begegnung mit einem Menschen ein Übungsfeld. Wir können dabei ohne Weiteres feststellen, ob wir für denjenigen irgendwelche liebenden Gefühle haben oder ob uns dieser Mensch total gleichgültig ist, weil wir nichts von ihm bekommen. Können wir etwas von dieser Person bekommen, dann beginnen wir, Interesse zu zeigen. Wenn wir eine Menge bekommen, dann fangen wir vielleicht sogar an, dankbar zu sein. Aber das ist lediglich die Marktplatzebene, auf der wir bezahlen und daraufhin etwas bekommen. Wir sollten die Menschen nicht danach unterscheiden, ob wir etwas von ihnen bekommen oder nicht, sondern sie als ein Übungsfeld für die Liebesfähigkeit unseres Herzens betrachten. Dazu eignet sich jeder einzelne Mensch. Wir treffen viele Menschen im täglichen Leben, mit denen wir üben können, die Liebesfähigkeit unseres Herzens zu erweitern. Wenn wir bei dieser Übung feststellen, dass sie nicht so gut funktioniert, dann üben wir immer weiter.

F: Ich spüre manchmal in der Liebenden-Güte-Meditation einen Schmerz oder Druck in der Herzgegend. Ich habe die Erfahrung gemacht, dass erst dann, wenn ich diesem Gefühl von Schmerz durch Weinen nachgebe, die Panzerung schmilzt und sich danach Liebe und Herzensöffnung einstellen. Sind dieser Schmerz und die Trauer in diesem Fall heilsam, und ist es richtig, sie auszuleben? Die Vorstellung, sie loszulassen, hat bisher nicht funktioniert.

A: In der Vorstellung loszulassen, kann auch nicht funktionieren, denn Loslassen ist eine Handlung im Geist, sozusagen eine Geistesaktion. Schmerz und Trauer sind im Prinzip nicht heilsam. Sie sind eine Reaktion auf *Dukkha*. Das bedeutet, dass wir uns identifizieren und in das Unangenehme haben hineinfallen lassen. Jedoch kann es in diesem Fall, da eine gewisse Verhärtung vorhanden ist, sehr leicht sein, dass das Weinen und das Akzeptieren des Schmerzes und der Trauer diese Verhärtung auflöst. Weinen bedeutet eine Weichheit des Geistes, der sich dem Schmerz hingibt. Das brauchen wir natürlich nur so lange, bis die Verhärtung nicht mehr vorhanden ist. Bleibt sie aufgelöst, dann kommt auch dieser Schmerz nicht mehr. Im Prinzip sind Schmerz und Trauer eine negative Reaktion auf unsere Unannehmlichkeiten im Leben. Betrachten wir diese jedoch als Lernsituation, dann brauchen wir darüber nicht traurig zu sein.

F: Ich hatte Probleme mit Aggression gegenüber einer Person, die sich durch den Tod dieser Frau vor vier Jahren aufgelöst haben. Ich frage mich aber, ob sich Probleme auf diese Art wirklich lösen lassen, denn die schlechten Gedanken wurden ja nie in Gute umgewandelt, sondern nur gestoppt. Kann und sollte ich Liebende-Güte-Meditation auch für bereits verstorbene Menschen machen? Kann ich nachträglich noch etwas verbessern?

A: Ja, unbedingt. Wir können die eigene Reue, die eigenen Gewissensbisse und die eigenen negativen Gefühle, die vielleicht immer noch vorhanden sind, verändern. Ob sich das Problem der Aggression gegenüber dieser Person wirklich gelöst hat, stellt sich in der Liebenden-Güte-Meditation heraus. Wenn du diesen Menschen innig umarmen, vollkommen akzeptieren und ihm Liebe und Mitgefühl geben kannst, dann hat sich das Problem tatsächlich aufgelöst. Ob der andere Zugang dazu hat, können wir nicht feststellen, sondern wir können nur hoffen oder glauben. Für uns selbst jedoch löst sich dabei sehr vieles auf. Gerade wenn wir eine besonders schwierige Situation mit einem Menschen erlebt haben, sollten wir uns in der Liebende-Güte-Meditation an diese Person wenden, auch wenn sie bereits verstorben ist.

F: In der Liebenden-Güte-Meditation kommt bei mir manchmal das Gefühl auf, als ob sich mein Herz metergroß öffnet. Es wird weich und warm, und ich fange an zu vibrieren. Handelt es sich hierbei auch um eine Art meditativer Vertiefung?

A: Das Vibrieren und die Wärme des Herzens sind Gefühle der ersten meditativen Vertiefung. In diesem Fall solltest du mit der Liebenden-Güte-Meditation aufhören und dich stattdessen diesem Gefühl zuwenden, um nach einiger Übung dabeibleiben zu können. Am Anfang rutscht das Gefühl immer wieder weg, sodass wir es immer wieder herholen müssen. Im Allgemeinen können wir das, ohne von vorne zu beginnen. Mit diesem Zugang ist es nicht schwierig, eine Weile dabeizubleiben.

F: Wenn ich eine Liebende-Güte-Meditation mache und das entzückende Gefühl kommt, soll ich die Liebende-Güte-Meditation dann fortsetzen oder soll ich mich ganz dem entzückenden Gefühl widmen? Es ist doch auch wichtig, eine ganze Liebende-Güte-Meditation zu machen und nicht vorher aufzuhören. Oder nicht?

A: Sind wir mit der Konzentration schon so geschult, dass wir jederzeit zur ersten meditativen Vertiefung kommen können, dann ist es nicht so wichtig, diesen Zugang zu verwenden. Stehen wir jedoch noch am Anfang und haben nur den Beginn der ersten meditativen Vertiefung kennen gelernt, dann sollten wir jeden Zugang benutzen, um die meditative Vertiefung zu stabilisieren. Die Liebende-Güte-Meditation wirkt gegen Hass, Ärger und Übelwollen, das entzückende Gefühl der ersten meditativen Vertiefung bewirkt genau dasselbe.

F: Gestern widerfuhr mir in der Liebenden-Güte-Meditation etwas Seltsames. Zuerst empfand ich ein sehr wohliges Körpergefühl, das gemischt war mit tiefer Freude und Dankbarkeit. Dann hatte ich plötzlich den Eindruck, dass ich in einen tiefen, dunklen Schacht falle, mich verliere und mein „Ich" am Rand zurück lasse. Plötzlich war es ganz ruhig in meinem Geist. Ich empfand tiefe Ruhe und Frieden, aber ich hatte auf einmal Angst davor, noch weiter zu fallen, und so endete der Zustand. War dies nur ein Fantasiebild meines Geistes oder der Ansatz zu einer meditativen Vertiefung? Wenn ja, welche? Was kann ich tun, um beim nächsten Mal keine Angst davor zu haben, wenn es der Ansatz zu einer meditativen Vertiefung war?

A: Das wohlige Körpergefühl ist ein typischer Zustand der ersten meditativen Vertiefung. Die Freude kommt auch gleichzeitig damit hoch und würde allein als Meditationsobjekt die zweite meditative Vertiefung darstellen. Das heißt, dass dann das Körpergefühl losgelassen werden muss. In den tiefen Schacht zu fallen und das „Ich" am Rand zurückzulassen, ist eine ausgezeichnete Übung, die zur dritten meditativen Vertiefung und eventuell sogar zur vierten führt. Wenn Angst hochkommt, so können wir sie dadurch überwinden, dass wir immer wieder zu der dort herrschenden Ruhe zurückfinden. Es ist sehr leicht möglich, dass beim ersten Mal Angst hochkommt. Haben wir uns jedoch daran gewöhnt, dann ist es genau das Erleben, das wir sowieso gesucht haben, nämlich tiefe und wirkliche Ruhe.

3. Gehmeditation

F: Was ist konkret der Sinn der Gehmeditation?

A: Achtsamkeit. Für die Gehmeditation oder für jegliche Meditation gibt es überhaupt nur zwei Richtungen. Es gibt zwar viele Methoden – der Buddha selbst hat 40 gelehrt –, aber Methoden sind und bleiben Methoden, wie immer wir sie auch betrachten. Die beiden Richtungen lauten: Ruhe und Einsicht, auf *Pāli: Samatha* oder *Samādhi*, was Ruhe heißt, und *Vipassanā* oder *Paññā* bedeuten Einsicht. Jede Meditationsmethode kann und sollte beides bringen. Manche Methoden betonen mehr die Ruhe, andere mehr die Einsicht, aber dennoch können wir aus jeder Methode beides schöpfen. Bei der Gehmeditation haben wir die Möglichkeit, zur Ruhe zu kommen. Ruhe kann eintreten, wenn der Geist wirklich bei der Bewegung des Fußes bleibt und nichts anderes macht. Das verhält sich genauso wie bei der Atembetrachtung. Bleibt der Geist bei der Bewegung des Atems, dann kommt Ruhe. Ist eines Tages die Ruhe stark genug, dann können wir die Methode loslassen und anfangen zu meditieren, denn erst dann beginnt die Meditation. Gelingt es uns nicht, auf der Bewegung des Fußes oder des Atems zu bleiben, dann können wir vielleicht die Vergänglichkeit jedes Atemzuges oder jeder Bewegung des Fußes erkennen. Dann haben wir etwas Einsicht gewonnen. Etikettieren wir unsere Gedanken, die auch bei der Gehmeditation hochkommen, dann erlangen wir auch dadurch etwas Einsicht. Mit jeder Meditationsmethode haben wir die Möglichkeit, Ruhe oder Einsicht und hoffentlich beides zu gewinnen. Die Geistesformation Achtsamkeit verhilft uns zu Ruhe und Einsicht. Ohne Achtsamkeit gibt es jedoch überhaupt nichts. Es ist wohl selbstverständlich, dass mit dem Gegenteil von Achtsamkeit, der Zerstreutheit, keine Meditation stattfinden kann. Das heißt, dass wir als Erstes aufpassen müssen, und der angestrebte Zweck der Meditation ist Ruhe und Einsicht.

F: Bitte erkläre noch einmal die Gehmeditation.
A: Ich schlage eine sechsfache Bewegung des Fußes vor. Haben wir die Gehmeditation jedoch noch nie oder nur selten gemacht, dann können wir auch eine dreifache Bewegung des Fußes benutzen, was etwas weniger Achtsamkeit beansprucht. Wenn wir die Gehmeditation mit der dreifachen Bewegung oft genug durchgeführt haben, dann können wir vielleicht die sechsfache Bewegung verwenden, die wie folgt gemacht wird: 1. Heben der Ferse; 2. Heben des Fußes, der jedoch immer noch mit den Zehen den Boden berührt; 3. den Fuß ganz anheben; 4. den Fuß in der Luft vorwärts bewegen; 5. die Ferse auf dem Boden aufsetzen und 6. den ganzen Fuß auf dem Boden aufsetzen. Bei eins und zwei ist der Fuß immer noch mit dem Boden verbunden, bei drei und vier wird der Fuß in die Luft angehoben und nach vorne bewegt, bei fünf und sechs wird zuerst die Ferse und dann der ganze Fuß auf dem Boden abgesetzt. Bei der dreifachen Bewegung heben wir den Fuß an, bewegen ihn in der Luft vorwärts und senken ihn wieder ab. Dazu wählen wir uns einen Gehpfad von etwa 20 bis 25 Schritten und gehen darauf hin und her. Bei der Gehmeditation machen wir keinen

Spaziergang, sondern gehen auf demselben Gehpfad vor und zurück. Die Augen bleiben dabei geöffnet und nach unten gerichtet, die Hände legen wir vor oder hinter dem Körper zusammen.

Der Zweck jeglicher Meditation ist Ruhe und Einsicht. Ruhe entsteht, wenn wir auf dem Meditationsobjekt bleiben können und den Geist nicht in die Weite schweifen lassen. Sollte das doch geschehen, dann bringen wir ihn schnell wieder zurück. Einsicht können wir erlangen, wenn wir zum Beispiel die Vergänglichkeit jeder Bewegung des Fußes sehen.

F: Bitte sage uns, worauf wir uns bei der Gehmeditation konzentrieren sollen: auf die Fußsohlen oder auf den Atem? Sollen wir die sechs Teile bei der Gehmeditation mit dem Atem koordinieren? Wenn ja, wie?

A: Wenn wir den Atem betrachten, dann üben wir die auf *Pāli Ānâpānasati* genannte Achtsamkeit auf das Ein- und Ausatmen. Das ist auch ein Teil der Körperbetrachtung, denn der Atem gehört zum Körper. Wenn wir Gehmeditation praktizieren, dann lenken wir die Achtsamkeit auf die Bewegung des ganzen Fußes und nicht nur auf die Fußsohlen. Bei der Gehmeditation ist der Atem genauso uninteressant, wie er es jetzt im Moment ist; er hat nichts mit der Sache zu tun. Wir atmen, weil das jedes Lebewesen zum Leben braucht. Bei der Gehmeditation gibt es also das Meditationsobjekt der Bewegung des Fußes. Genauso wie sich der Atem bewegt und wir ihn daher herein- und hinausströmen spüren, können wir die Bewegung des Fußes erleben. Hierbei geht es um das Erleben statt um das Erdenken. Wir erleben, indem wir auf das achtsam sind, was wirklich ist. Wenn wir nur eine einzige Sekunde achtsam sind, dann wissen wir, was Erleben bedeutet. In dieser einen Sekunde können wir den Atem oder die Bewegung des Fußes oder das Gefühl in der Liebenden-Güte-Meditation erleben. Auch können wir Einsicht erleben, die wir durch Verständnis für uns selbst erlangt haben. Es geht bei der Meditation immer um Erleben. Bei der Gehmeditation koordinieren wir also nicht die Bewegung des Fußes mit dem Atem, denn das hat mit der Gehmeditation überhaupt nichts zu tun, sondern wir richten die Achtsamkeit auf die Bewegung des Fußes in einer sechsfachen Bewegung.

F: Soll bei der Gehmeditation auch etikettiert werden?
A: Wenn der Geist bei der Gehmeditation abschweift, so können wir etikettieren, was außerordentlich hilfreich ist. Aber wir können stattdessen auch stehen bleiben, wobei es ganz egal ist, wie oft wir stehen bleiben, denn das geht niemanden etwas an. Wenn wir stehen bleiben, dann sammeln wir uns wieder neu und machen weiter. Das ist bei der Gehmeditation ein ganz besonders hilfreiches Mittel, denn dann wird es uns ganz deutlich bewusst, wie oft wir stehen bleiben, weil der Geist abschweift. Diese Lernsituation ist viel deutlicher als das Etikettieren, was ja auch im Geist geschieht. Am Ende glauben wir dann noch, dass wir die ganze Zeit etwas gemacht haben, weil wir etikettiert haben. Bleiben wir jedoch stehen, um uns neu zu sammeln, dann wissen wir ganz genau, dass wir in dem Moment nur den Geist wieder herbeigeholt haben.

F: Bei der Gehmeditation ergibt es sich, dass ich bei eins-zwei-drei einatme und bei vier-fünf-sechs ausatme. Bei einem früheren Kurs habe ich gehört, dass wir dabei nicht auf den Atem achten sollen. Bedeutet das, dass der Atem nicht das Hauptobjekt der Betrachtung ist? Soll er unabhängig von den Schritten sein?

A: Gehen beim Gehen. Atmen beim Atmen. Wir richten die Achtsamkeit auf eine Sache zurzeit. Jetzt im Moment sind wir beim Lesen und Denken, aber nicht beim Atmen. Beim Gehen achten wir auch nicht auf den Atem. Ob der Atem im Einklang mit den Schritten oder mit den Gedanken ist oder nicht, ist unwichtig. Der Atem ist sowieso vorhanden, solange wir leben. Auf keinen Fall sollte bei der Gehmeditation der Atem das Meditationsobjekt sein. Bei der Gehmeditation ist das Gehen mit der Bewegung des Fußes das Meditationsobjekt. Diese Meditation ist sehr wichtig, denn wir gehen sehr viel im Leben und, wenn wir uns einmal daran gewöhnt haben, bei der Gehmeditation achtsam zu gehen, dann ist es auch im täglichen Leben viel einfacher, achtsam zu handeln. Achtsam auf unseren Körper zu sein, bedeutet zu wissen, dass wir die Treppe heruntergehen oder dass wir essen oder was wir essen. Die Frage besteht also nicht darin, ob der Atem im Einklang mit den Schritten sein soll. Bei der Gehmeditation beachten wir den Atem nicht. Dieser ist zu der Zeit einfach eine Körperfunktion, genau wie das Herz weiterschlägt und wir ihm auch keinerlei Beachtung schenken.

F: Bei der Gehmeditation sage ich bei jedem Schritt zu meinem Geist: „Frieden in Tat, Frieden im Wort, Frieden in Gedanken", und das wiederhole ich dann immer weiter. Habe ich das falsch gemacht?

A: Diese Art der Gehmeditation kann hilfreich sein, wenn sie Ruhe in den Geist bringt und ihn davor schützt, diskursiv zu denken, denn allein schon durch diese Worte sind wir beschäftigt und brauchen daher kein diskursives Denken mehr. Das kann am Anfang so lange unterstützend sein, bis wir dann eines Tages bei der Gehmeditation nur die Bewegung des Fußes beachten können und diese Worte als Hilfsmittel nicht mehr benötigen.

F: Ich habe bei der Gehmeditation Koordinationsschwierigkeiten. Entweder kann ich mich auf den Atem und ein Mantra konzentrieren oder auf die Schritte. Außerdem fällt es mir schwer, nicht auf die Umgebung, zum Beispiel die Kirschblüten oder den Tau im Gras zu achten. Gehört das nicht auch zum Hier und Jetzt?

A: Ich glaube gerne, dass da Koordinationsschwierigkeiten bestehen. Wir machen nämlich entweder das eine oder das andere, aber nicht beides gleichzeitig. Das heißt, wir achten entweder auf die Bewegung des Fußes oder wir sitzen und betrachten den Atem, aber nicht beides gleichzeitig, denn das wäre viel zu schwierig. Bei der Gehmeditation handelt es sich tatsächlich nur um die Bewegung des Fußes und nicht um den Atem oder ein Wort, wie wir sie bei der Atembetrachtung verwenden. Kirschblüten und Tau im Gras können wir beachten, aber nicht gleichzeitig zur Gehmeditation. Unsere Sinneskontakte können im Hier und Jetzt sein, aber sie sind es fast nie, denn wir sind immer dabei, sofort zu reagieren. Das äußert sich dann so, dass wir die Kirschblüten anschauen, die zum Beispiel ein angenehmes Gefühl hervorrufen. Jedoch wird das fast niemandem bewusst, denn die meisten sind nicht achtsam genug. Darauf folgt das Etikettieren, indem wir „wunderschön" oder „Kirschblüte" denken. Darauf folgt die gedankliche Reaktion: „Das habe ich aber gern", oder: „Einen solchen Baum möchte ich auch im Garten pflanzen." Das ist nichts anderes als der Ablauf der vier Teile des Geistes, die im Sinneskontakt, dem Gefühl, dem Etikettieren und der Reaktion bestehen. Das läuft immer wieder so ab. Statt angenehm ist das Gefühl manchmal auch unangenehm. Darauf folgt das Etikett „scheußlich" und als Reaktion darauf wollen wir so schnell wie möglich weg davon. Etwas anderes geschieht nie. Das sollten wir jedoch ausprobieren und untersuchen, ob es stimmt. Dazu können wir uns die Kirschblüten oder den Tau im Gras anschauen und unsere Reaktion darauf feststellen. Wenn uns bewusst geworden ist, dass das so stimmt, dann spüren wir auch, dass wir in dieser Reaktionskette sozusagen versklavt sind und vielleicht herauswollen. Dann haben wir einen guten Ansporn für den spirituellen Weg.

V

Kontemplationen und geleitete Meditation

Die fünf täglichen Betrachtungen

1. Ich bin dem Verfall unterworfen. Ich kann dem Verfall nicht entgehen.

2. Ich bin der Krankheit unterworfen. Ich kann der Krankheit nicht entgehen.

3. Ich bin dem Tod unterworfen. Ich kann dem Tod nicht entgehen.

4. Alles, was mein und mir lieb ist, muss sich ändern und entschwinden.

5. Ich bin der Eigentümer meines Karma.

   Ich bin der Erbe meines Karma.

   Ich bin mit meinem Karma eng verknüpft.

   Ob ich gutes oder schlechtes Karma mache, dessen Erbe werde ich sein.

Liebende-Güte-Kontemplation

1. Möge ich frei sein von Feindseligkeit.

2. Möge ich kein Lebewesen verletzen.

3. Möge ich frei sein von körperlichen und geistigen Schwierigkeiten.

4. Möge ich in der Lage sein, mein eigenes Glück zu beschützen.

5. Mögen alle Wesen frei sein von Feindseligkeit.

   Mögen alle Wesen einander nicht verletzen.

   Mögen alle Wesen frei sein von körperlichen und geistigen Schwierigkeiten.

   Mögen alle Wesen in der Lage sein, ihr eigenes Glück zu beschützen.

Geleitete Liebende-Güte-Meditation: Blumengarten

Zu Beginn der Meditation wollen wir für ein paar Momente die Achtsamkeit auf den Atem richten.

Jetzt stellen wir uns vor, dass wir in unserem Herzen einen wunderschönen Blumengarten wachsen haben, mit vielen verschiedenen Sorten von Blumen in den schönsten Farben, mit dem herrlichsten Duft, alle liebevoll gepflegt. Wir erfreuen uns an der Schönheit der Blumen und an dem Frieden, den sie ausstrahlen. Wir fühlen uns wohl und beglückt in dem Blumengarten, der in unserem Herzen wächst.

Nun pflücken wir einen wunderschönen Blumenstrauß von den Blumen in unserem Herzen und schenken ihn demjenigen, der neben uns sitzt. Wir vermitteln diesem Menschen dadurch die liebevolle und wunderschöne Ausstrahlung unseres Herzens als ein reines Geschenk.

Wir denken an unsere Eltern und pflücken für sie einen wunderschönen Blumenstrauß, mit Blumen in den schönsten Farben und verschiedensten Formen, die alle liebevoll gepflegt sind. Wir schenken ihnen diesen Blumenstrauß als ein Zeichen unserer Zusammengehörigkeit, unserer Hingabe und Dankbarkeit.

Jetzt denken wir an unsere liebsten und nächsten Menschen, mit denen wir vielleicht zusammenleben. Auch für all diese Menschen machen wir einen wunderschönen Blumenstrauß zurecht, der die Liebe unseres Herzens

manifestiert, sowie die Schönheit, die wir ihnen vermitteln wollen, als Geschenk, das wir ihnen in Dankbarkeit
geben. Und wir überreichen jedem von ihnen den schönsten Strauß, den wir machen können.

Und wir denken an unsere Freunde, Verwandte und
Bekannte, denen wir auch das schönste Geschenk, das
wir haben, geben wollen. Wir tun das in Form eines
herrlichen Blumenstraußes aus unserem Herzen. Je
mehr Blumen wir verschenken, desto mehr wachsen in
unserem Herzen nach. Durch das Geschenk zeigen wir
diesen Menschen unsere Liebe und Freundschaft.

Wir denken an die Menschen, die uns oft oder ständig
im Alltag begegnen: Nachbarn, Arbeitskollegen, Verkäu-
fer, Postboten, Schüler, Lehrer oder Patienten. Jedem
Einzelnen von ihnen wollen wir unser Herz schenken.
So machen wir einen herrlichen Blumenstrauß aus den
schönsten Farben, mit dem schönsten Duft, in Liebe
gepflegt. Wir schenken jedem Einzelnen von ihnen diesen herrlichen Blumenstrauß als ein Zeichen unserer
Zusammengehörigkeit und unserer Zuneigung.

Nun denken wir an einen oder mehrere schwierige
Menschen in unserem Leben. Wir machen wieder einen
herrlichen Blumenstrauß zurecht mit der Liebe und
Pflege unseres Herzens. Diesem Menschen schenken wir
den Strauß mit unserer Liebe, um unser Herz zu läutern
und auch um diesem Menschen klar zu machen, dass wir
zusammengehören.

Jetzt öffnen wir unser Herz ganz weit und machen den
Blumengarten in unserem Herzen für jeden zugänglich,

der uns in den Sinn kommt. Erst einmal lassen wir alle Menschen hinein, die wir kennen, sodass sie sich an diesen wunderschönen, gepflegten Blumen erfreuen und wir die Freude auf ihren Gesichtern sehen können. Und dann dürfen immer mehr Menschen hinein, die sich an dem liebevollen, gepflegten, schönen Garten, der in unserem Herzen wächst, erfreuen. Je mehr wir ihn verschenken, desto schöner wird er. Wir lassen alle Menschen hinein, von denen wir nur wissen, dass sie existieren, ohne dass wir sie persönlich kennen. Je größer wir diesen Blumengarten machen, desto mehr Menschen können hinein. Vielleicht können wir ihn groß genug machen, um alle Lebewesen auf diesem Planeten hineinzulassen, die sich alle an der Schönheit und der Liebe, der Reinheit und dem Frieden, die dort existieren, laben können.

Wir lenken die Achtsamkeit wieder auf uns selbst und spüren das Glück und die Freude, die vom Lieben und Verschenken kommen. Wir verstehen, was es bedeutet, wenn wir unser Herz wirklich läutern und pflegen. Der Blumengarten in unserem Herzen erfreut uns selbst genauso wie jeden anderen, der daran teilhaben darf.

Mögen die Herzen der Menschen in Liebe und Harmonie erblühen.

* * *

Glossar

Die folgenden *Pāli*-Wörter enthalten Konzepte und Ideen, für die es im Deutschen keine entsprechenden Synonyme gibt. Die Erklärungen dieser Ausdrücke sind dem „Buddhistischen Wörterbuch" von Nyānatiloka Mahāthera entnommen.

Achtfacher Pfad: Der zur Erlösung vom Leiden führende Pfad, d. i. die vierte der → Vier Edlen Wahrheiten, nämlich:
1. Rechte Erkenntnis (*sammā-diṭṭhi*)
2. Rechte Gesinnung (*sammā-sankappa*)
3. Rechte Rede (*sammā-vācā*)
4. Rechte Handlung (*sammā-kammanta*)
5. Rechter Lebenserwerb (*sammā-ājīva*)
6. Rechte Anstrengung (*sammā-vāyāma*)
7. Rechte Achtsamkeit (*sammā-sati*)
8. Rechte Sammlung (*sammā-samādhi*).

Ānâpānasati: Achtsamkeit auf Ein- und Ausatmung.

Anattā: Nicht-Selbst, Nicht-Ich oder Substanzlosigkeit von allem, was existiert. – Die Lehre von *Anattā* besagt, dass es weder innerhalb noch außerhalb der körperlichen und geistigen Daseinserscheinungen irgendetwas gibt, das man als eine für sich bestehende unabhängige Persönlichkeit bezeichnen könnte. – Eines der drei Daseinsmerkmale.

Anicca: Vergänglichkeit, ist eine Grundeigenschaft aller bedingten Vorgänge, seien sie körperlich oder geistig, grob oder fein, in der Innen- oder Außenwelt. – Eines der drei Daseinsmerkmale.

Arūpa-jhāna: die vier formlosen Vertiefungen.

Bhāvanā: Geistesentfaltung; meistens ungenau als Meditation bezeichnet. Man unterscheidet zweierlei Geistesentfaltung:

1. Entfaltung der Gemütsruhe (*Samatha-Bhāvanā*), d. h. Entfaltung der Sammlung (*Samādhi-Bhāvanā*);

2. Entfaltung des Hell-/Klarblicks (*Vipassanā-Bhāvanā*), identisch mit Entfaltung des Wissens (*Pañña-Bhāvanā*).

Brahmavihāra: die vier göttlichen Verweilungsstätten: Liebende-Güte, Mitgefühl, Mitfreude, Gleichmut.

Dhamma: Die Lehre des Buddha, Naturgesetz, Gesetz, Wahrheit, Erscheinungen. – Das *Dhamma* als das vom Buddha erkannte und verkündete Gesetz ist zusammengefasst in den → Vier Edlen Wahrheiten.

Dukkha: Leiden, Leidunterworfensein, Unbefriedigtsein, Unzulänglichkeit. – Eines der drei Daseinsmerkmale und die erste der Vier Edlen Wahrheiten.

Ganzheits-Methode oder Fächermethode: Achtsamkeit auf die Empfindungen im Körper (diese geleitete Meditationsmethode gibt es von Ayya Khema gesprochen auf CD im Buddha-Haus / Jhana Verlag).

Erleuchtungsglieder, sieben: auch Erleuchtungsfaktoren: 1. Achtsamkeit, 2. Ergründung der drei Daseinsmerkmale, 3. Willenskraft, 4. Entzücken, 5. innerer Frieden, 6. tiefe Konzentration, 7. Gleichmut.

Hindernisse, fünf: 1. Begierde nach Sinnesbefriedigung, 2. Übelwollen, 3. Lässigkeit und Trägkeit, 4. Unruhe und Rastlosigkeit, 5. Zweifelsucht.

Jhāna: Vertiefung, meditative Vertiefung. Bezeichnung für die vier feinkörperlichen und die vier formlosen Vertiefungen.

Karuṇā: Mitgefühl.

Kasiṇa: ist der Name für ein rein äußerliches Verfahren, die Sammlung und die meditativen Vertiefungen zu erreichen. Es besteht darin, dass man seine volle ungeteilte Aufmerksamkeit auf einen sichtbaren Gegenstand konzentriert, etwa eine bunte Scheibe, einen Fleck Erde, einen Teich und dergleichen, bis man schließlich einen geistigen Reflex sowohl bei offenen Augen als auch bei geschlossenen Augen wahrnimmt. Indem man nun fortfährt, seine konzentrierte Achtsamkeit darauf zu richten, entsteht das klare, unbewegliche Gegenbild (*Paṭibhāga-Nimitta*) und damit ist die angrenzende Sammlung erreicht.

Khandha: Die Daseins- oder Anhaftungsgruppen, nennt man die fünf Gruppen, aus denen ein Mensch besteht: Körper, Gefühl, Wahrnehmung, Geistesformationen und Sinnesbewusstsein, d. h. der Körper und die vier Teile des Geistes.

Mettā: Liebende-Güte, bedingungslose Liebe, ist eine der vier göttlichen Verweilungsstätten. Die anderen drei sind: Mitgefühl, Mitfreude und Gleichmut.

Muditā: Mitfreude.

Nibbāna: Wörtl. nicht-brennen; ist das höchste Ziel allen buddhistischen Strebens, die endgültige, restlose Befreiung aus der Daseinsrunde, von allem künftigen

Wiedergeborenwerden, Altern und Sterben, Leiden und Elend.

Nimitta: Gegenbild nennt man das bei erfolgreicher Übung gewisser Konzentrationsobjekte im Geist, gleichsam wie mit dem sinnlichen Auge wahrgenommene geistige Bild.

Pāli: Sprache, die zur Zeit des Buddha gesprochen wurde.

Pañña (Pāli) / Prajñā (Sanskrit): Erkennen, Einsicht, Wissen, Weisheit.

Parinibbāna: Die beim Tode des vollkommen Heiligen eintretende Erlöschung der Daseinsgruppen.

Paṭibhāga-Nimitta: Gegenbild nennt man das bei erfolgreicher Übung gewisser Konzentrationsobjekte im Geist, gleichsam wie mit dem sinnlichen Auge wahrgenommene geistige Bild. Das später auftretende, ganz klare unerschütterliche Bild nennt man das Gegenbild oder *Paṭibhāga-Nimitta*, bei dem die Stufe der angrenzenden Sammlung erreicht ist.

Pīti: Entzückendes Körpergefühl in der ersten meditativen Vertiefung, Interesse, Begeisterung.

Rigveda: Der Rigveda ist der älteste Teil der Veden (heilige, von Weisen offenbarte Schriften im Hinduismus) und zählt damit zu den wichtigsten Schriften des Hinduismus.

Rūpa-jhāna: die vier feinkörperlichen Vertiefungen.

Samādhi: Ruhe, Ruhemeditation, ein Synonym von *Samatha.*

Stück-für-Stück-Methode: Achtsamkeit auf die Empfindungen im Körper (diese geleitete Meditationsmethode gibt es von Ayya Khema gesprochen auf CD im Buddha-Haus / Jhana Verlag).

Sukha: Wohl, angenehm, Freude, Glücksgefühl.

Upekkhā: Gleichmut.

Vipassanā: Einsicht; das aufblitzende, intuitive Erkennen der Vergänglichkeit, des Leidens und der Unpersönlichkeit aller körperlichen und geistigen Erscheinungen.

Wahrheiten, Vier Edle: 1. Existenz ist *Dukkha*. 2. Der Grund dafür ist Begierde. 3. Es gibt ein Ende von *Dukkha*, das → *Nibbāna* heißt. 4. Der Weg, der dorthin führt, ist der *Edle Achtfache Pfad*.

JhanaVerlag

Weitere Titel von Ayya Khema im Jhana Verlag

Ayya Khema

Um was geht's denn wirklich?

Fragen an Ayya Khema
zur buddhistischen Praxis im Alltag

Englisch broschiert, 208 Seiten
ISBN 978-3-931274-30-6

Frei sein im Herzen

Geleitete Meditationen
von Ayya Khema

Buch und CD mit Farbfotos
ISBN 978-3-931274-32-0

Ayya Khema

Ich schenke euch mein Leben

Die Lebensgeschichte
einer deutschen Buddhistin

Hardcover, 240 Seiten
ISBN 978-3-931274-34-4

JhanaVerlag

Weitere Titel von Ayya Khema im Jhana Verlag

Ayya Khema
Die Kunst des Loslassens
*Der Weg der
meditativen Vertiefungen*
Hardcover, 208 Seiten
ISBN 978-3-931274-33-7

Ayya Khema
Nicht so viel denken, mehr lieben
Buddha und Jesus im Dialog
Hardcover, 128 Seiten
ISBN 978-3-931274-26-9

Ayya Khema & Pema Chödrön
Offenes Herz – mutiger Geist
*Die Kraft buddhistischer Nonnen
für den Westen*
Hardcover, 368 Seiten
ISBN 978-3-931274-28-3

BuddhaHaus
Meditations- und Studienzentrum e. V.

Interessenten wenden sich bitte an:

BUDDHA-HAUS
Meditations- und Studienzentrum e.V.
Uttenbühl 5 · 87466 Oy-Mittelberg
Tel. 08376/502 · Fax 08376/592
info@buddha-haus.de
www.buddha-haus.de
Online-Shop: www.jhanaverlag.de